SAÚDE DO TRABALHADOR
POSSIBILIDADES E DESAFIOS DA
PSICOTERAPIA AMBULATORIAL

COLEÇÃO "CLÍNICA PSICANALÍTICA"
Títulos publicados

1. Perversão — Flávio Carvalho Ferraz
2. Psicossomática — Rubens Marcelo Volich
3. Emergências Psiquiátricas — Alexandra Sterian
4. Borderline — Mauro Hegenberg
5. Depressão — Daniel Delouya
6. Paranoia — Renata Udler Cromberg
7. Psicopatia — Sidney Kiyoshi Shine
8. Problemáticas da Identidade Sexual — José Carlos Garcia
9. Anomia — Marilucia Melo Meireles
10. Distúrbios do Sono — Nayra Cesaro Penha Ganhito
11. Neurose Traumática — Myriam Uchitel
12. Autismo — Ana Elizabeth Cavalcanti / Paulina Schmidtbauer Rocha
13. Esquizofrenia — Alexandra Sterian
14. Morte — Maria Elisa Pessoa Labaki
15. Cena Incestuosa — Renata Udler Cromberg
16. Fobia — Aline Camargo Gurfinkel
17. Estresse — Maria Auxiliadora de A. C. Arantes / Maria José Femenias Vieira
18. Normopatia — Flávio Carvalho Ferraz
19. Hipocondria — Rubens Marcelo Volich
20. Epistemopatia — Daniel Delouya
21. Tatuagem e Marcas Corporais — Ana Costa
22. Corpo — Maria Helena Fernandes
23. Adoção — Gina Khafif Levinzon
24. Transtornos da Excreção — Marcia Porto Ferreira
25. Psicoterapia Breve — Mauro Hegenberg
26. Infertilidade e Reprodução Assistida — Marina Ribeiro
27. Histeria — Silvia Leonor Alonso / Mario Pablo Fuks
28. Ressentimento — Maria Rita Kehl
29. Demências — Delia Catullo Goldfarb
30. Violência — Maria Laurinda Ribeiro de Souza
31. Clínica da Exclusão — Maria Cristina Poli
32. Disfunções Sexuais — Cassandra Pereira França
33. Tempo e Ato na Perversão — Flávio Carvalho Ferraz
34. Transtornos Alimentares — Maria Helena Fernandes

35. Psicoterapia de Casal	Purificacion Barcia Gomes e Ieda Porchat
36. Consultas Terapêuticas	Maria Ivone Accioly Lins
37. Neurose Obsessiva	Rubia Delorenzo
38. Adolescência	Tiago Corbisier Matheus
39. Complexo de Édipo	Nora B. Susmanscky de Miguelez
40. Trama do Olhar	Edilene Freire de Queiroz
41. Desafios para a Técnica Psicanalítica	José Carlos Garcia
42. Linguagens e Pensamento	Nelson da Silva Junior
43. Término de Análise	Yeda Alcide Saigh
44. Problemas de Linguagem	Maria Laura Wey Märtz
45. Desamparo	Lucianne Sant'Anna de Menezes
46. Transexualismo	Paulo Roberto Ceccarelli
47. Narcisismo e Vínculos	Lucía Barbero Fuks
48. Psicanálise da Família	Belinda Mandelbaum
49. Clínica do Trabalho	Soraya Rodrigues Martins
50. Transtornos de Pânico	Luciana Oliveira dos Santos
51. Escritos Metapsicológicos e Clínicos	Ana Maria Sigal
52. Famílias Monoparentais	Lisette Weissmann
53. Neurose e Não Neurose	Marion Minerbo
54. Amor e Fidelidade	Gisela Haddad
55. Acontecimento e Linguagem	Alcimar Alves de Souza Lima
56. Imitação	Paulo de Carvalho Ribeiro
57. O tempo, a escuta, o feminino	Silvia Leonor Alonso
58. Crise Pseudoepiléptica	Berta Hoffmann Azevedo
59. Violência e Masculinidade	Susana Muszkat
60. Entrevistas Preliminares em Psicanálise	Fernando José Barbosa Rocha
61. Ensaios Psicanalíticos	Flávio Carvalho Ferraz
62. Adicções	Decio Gurfinkel
63. Incestualidade	Sonia Thorstensen
64. Saúde do Trabalhador	Carla Júlia Segre Faiman
65. Transferência e Contratransferência	Marion Minerbo

Coleção Clínica Psicanalítica
Dirigida por Flávio Carvalho Ferraz

SAÚDE DO TRABALHADOR
POSSIBILIDADES E DESAFIOS DA PSICOTERAPIA AMBULATORIAL

Carla Júlia Segre Faiman

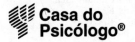

© 2012 Casapsi Livraria e Editora Ltda.
É proibida a reprodução total ou parcial desta publicação, para qualquer finalidade,
sem autorização por escrito dos editores.

1ª Edição *2012*
Diretor Geral *Ingo Bernd Güntert*
Publisher *Marcio Coelho*
Coordenador Editorial *Fabio Alves Melo*
Diagramação *Everton Alexandre Cabral*
Preparação *Flavia Okumura Bortolon*
Projeto Gráfico da Capa *Yvoty Macambira*

Dados Internacionais de Catalogação na Publicação (CIP)
Angélica Ilacqua CRB-8/7057

Faiman, Carla Júlia Segre
  Saúde do trabalhador : possibilidades e desafios da
psicoterapia ambulatorial / Carla Júlia Segre Faiman. - São
Paulo : Casa do Psicólogo, 2012. - (Coleção clínica psicanalítica
/ dirigida por Flávio Carvalho Ferraz).

ISBN 978-85-8040-144-8

1. Trabalhadores 2. Saúde mental 3. Psicoterapia – atendimento
4. Psicologia 6. Psicologia industrial I. Título II. Ferraz, Flávio
Carvalho III. Série

12-0151   CDD 158.7

Índices para catálogo sistemático:
1. Psicologia industrial
2. Psicoterapia
3. Trabalhadores : saúde mental

Impresso no Brasil
Printed in Brazil

As opiniões expressas neste livro, bem como seu conteúdo, são de responsabilidade de seus autores,
não necessariamente correspondendo ao ponto de vista da editora.

Reservados todos os direitos de publicação em língua portuguesa à

Casapsi Livraria e Editora Ltda.
Rua Simão Álvares, 1020
Pinheiros • CEP 05417-020
São Paulo/SP - Brasil
Tel. Fax: (11) 3034-3600
www.casadopsicologo.com.br

Agradecimentos

O presente livro tem como origem minha tese de doutorado defendida no Instituto de Psicologia da Universidade de São Paulo (IPUSP) e é baseado na minha experiência como psicóloga no Serviço de Saúde Ocupacional do Hospital das Clínicas da Faculdade de Medicina da USP (SSO). Sou grata àqueles que de diferentes maneiras colaboraram para que essa empreitada fosse possível.

Em especial, dirijo meus agradecimentos aos amigos Flávio Carvalho Ferraz, pela oportunidade de publicar este livro e pelas considerações feitas na ocasião da avaliação do texto original, a tese de doutorado, e Vera Lúcia Zaher, pela oportunidade aberta ao me convidar para trabalhar no SSO e também pela cuidadosa leitura do texto original.

Agradeço à Profa. Eva Maria Migliavacca, por ter me acolhido como sua orientanda no Programa de Pós-graduação em Psicologia Clínica do IPUSP e à Profa. Edith Seligmann Silva, pela indicação de textos e pelo exemplo de empenho e de envolvimento com o atendimento e com a pesquisa.

Sou grata também aos alunos do curso de aprimoramento profissional *Saúde e Trabalho*, pela disposição em aprender e realizar os atendimentos, trazendo desafios que incentivam à reflexão; aos pacientes do ambulatório de saúde do trabalhador, cujo atendimento motivou e possibilitou o presente estudo, e aos colegas e amigos da Faculdade de Medicina da Universidade de São Paulo e do SSO, pelo convívio e apoio.

Agradeço especialmente à minha família, que me apoia, acompanha e dá sentido a essa jornada.

Sumário

1 - Introdução 11

2 - Breve histórico da atenção à saúde do trabalhador e panorama do atendimento em saúde mental relacionada ao trabalho 21
O trabalho e a saúde 22
A saúde mental em foco 26
O atendimento à saúde mental do trabalhador 43
Particularidades de ambulatórios de saúde do trabalhador 50

3 - Trabalho e adoecimento – considerações a respeito do afastamento do trabalhador de suas atividades 53

4 - Dificuldades na delimitação da função de psicoterapeuta em um ambulatório de saúde do trabalhador 71

5 - O registro de informações em prontuário em ambulatório de saúde do trabalhador: algumas questões 79

6 - A etiologia dos distúrbios e a noção de foco na psicoterapia breve em saúde do trabalhador 93

7 - A PSICOTERAPIA E A QUEIXA DE VIOLÊNCIA OU DE ASSÉDIO
    MORAL NO TRABALHO 105

8 - CONSIDERAÇÕES FINAIS 119

REFERÊNCIAS 123

1.

Introdução

O tema deste livro é o atendimento psicoterapêutico realizado em ambulatórios voltados à saúde do trabalhador. Em outras palavras, a psicoterapia de pacientes que buscam atendimento em função de algum prejuízo à saúde cuja causa pode ser relacionada com o trabalho. Algumas questões são peculiares à atuação nesse tipo de ambulatório, de forma que a experiência em um serviço de atendimento permite abordar aspectos importantes ao campo de atuação como um todo.

Minha experiência como psicóloga responsável pelas psicoterapias no Serviço de Saúde Ocupacional do Hospital das Clínicas da Faculdade de Medicina da Universidade de São Paulo (SSO) serve de base para o presente estudo. O SSO é um ambulatório especializado no atendimento à saúde do trabalhador inserido em um hospital público de grande porte. Nele, realizo atendimentos psicoterapêuticos e supervisão do atendimento prestado por estagiários psicólogos.

Esse ambulatório tem recebido, desde sua implantação em 1990, pessoas com queixas variadas, como as que se referem às consequências de intoxicação por mercúrio ou chumbo e aos distúrbios osteomusculares relacionados ao trabalho (DORTs), entre outras. Nos últimos anos, um número crescente de pacientes tem recorrido ao serviço especificamente em função da saúde mental.

A equipe de atendimento do SSO é composta por médicos do trabalho, uma enfermeira, psicólogas, uma fonoaudióloga, uma otorrinolaringologista, uma assistente social, um psiquiatra, um fisiatra e um dermatologista. Há também estagiários psicólogos e fonoaudiólogos e médico-residente. No protocolo do ambulatório, para que o paciente seja admitido como tal, ele passa por uma entrevista de triagem com a enfermeira, que é especialista em saúde ocupacional, em que se verifica a existência de alguma relação entre a doença, distúrbio ou queixa relativa à saúde apresentada e a atividade profissional desenvolvida. Quando é plausível o estabelecimento de uma relação causal, o paciente é registrado e passa a receber atendimento médico, podendo ser também encaminhado para a psicoterapia.

Devido às dificuldades e/ou impedimentos que os pacientes apresentam para seguir em suas atividades e das repercussões legais das doenças reconhecidas como ocupacionais, como estabilidade no emprego, auxílio diferenciado concedido pelo INSS[1] ou mesmo processos indenizatórios contra a empresa, é presente, na maioria dos pacientes, a preocupação em compilar documentos que atestem seus males e, por vezes, a atribuição de sua origem ou agravamento à atividade profissional exercida.

---

[1] Instituto Nacional de Seguridade Social

Além de prestar atendimento clínico/terapêutico, ambulatórios de saúde do trabalhador têm como função a emissão de relatórios médicos em que constam diagnósticos, indicações a respeito das condições que o paciente apresenta para desempenhar seu trabalho e, eventualmente, o estabelecimento de relação de causa e efeito entre o trabalho e o distúrbio apresentado. Esses relatórios dão subsídios aos peritos do INSS na decisão de concessões de afastamentos com seus respectivos benefícios. Para muitos dos pacientes, há momentos em que a busca por laudos e relatórios que colaborem para que, na avaliação pericial do INSS, sejam considerados inaptos e, portanto, merecedores de benefícios da Seguridade Social, aparece como uma necessidade mais premente do que a do tratamento em si. Dessa forma, o conteúdo e o destino dado aos relatórios aproximam a atuação do profissional de saúde do trabalhador da atividade pericial. É importante a consideração de que existem dificuldades impostas pelo desempenho, a um só tempo, de uma função pericial, naturalmente carregada de sentidos que vão além do restabelecimento da saúde, e de uma função terapêutica nos atendimentos prestados.

A proposta de atendimento em saúde mental a pacientes cuja queixa relaciona-se ao trabalho traz como primeira questão a própria ideia de se atribuir ao trabalho a presença ou o desencadeamento do sofrimento mental. Faz-se necessário pensar no sentido do estabelecimento desta relação de causa e efeito e nas consequências de se atrelar a este suposto nexo causal direitos específicos, inclusive o de receber atendimentos em ambulatório especializado. Além disso, o fato de alguns pacientes estarem premidos pelas necessidades relacionadas aos benefícios trabalhistas, portanto, em busca de laudos e de relatórios de atendimento, constitui-se em um fator a mais, que deve ser reconhecido na demanda, influenciando a relação que se estabelece entre o paciente e o profissional que o atende, fator especialmente importante nas psicoterapias.

Se, em termos médicos, já existem dificuldades na averiguação da etiologia ocupacional de algumas doenças, no âmbito de saúde mental a questão é ainda mais complexa. Fatores de natureza diversa se conjugam na configuração de cada situação de sofrimento mental e as relações e significados engendrados no trabalho constituem-se em um campo muito rico e complexo, de amplas repercussões para cada indivíduo. Nesse sentido, as avaliações periciais, que visam a atribuir a responsabilidade do dano a um agente definido, são inevitavelmente reducionistas, e a proposta de proporcionar tratamento pode ser incompatível com a função pericial de estabelecimento de nexo causal entre adoecimento e aspectos relacionados ao trabalho.

Partindo do pressuposto de que o trabalho de psicólogos no ambulatório tem sua função essencialmente voltada ao atendimento psicoterapêutico, e não à perícia, estabeleceu-se, nesse serviço, que os psicólogos não emitiriam laudos (apenas relatórios de atendimento), e que teriam direito à psicoterapia todas as pessoas registradas como pacientes no ambulatório.

O aumento da presença de queixa relacionada à saúde mental como motivo central de demanda de atendimento, aspectos relacionados aos processos de adoecimento e de afastamento e aos efeitos dos diagnósticos e das condutas prescritas trazem importantes questões a respeito da função dos ambulatórios de saúde do trabalhador, da especificidade de sua atuação, de suas limitações e da inserção de psicoterapias nesse contexto.

O aspecto comum aos pacientes que são atendidos nessas unidades é o fato de viverem dificuldades relacionadas ao trabalho, e a maioria deles experimenta alguma restrição para o exercício de sua atividade profissional. Atualmente, os diagnósticos de distúrbio mental, geralmente de depressão ou, às vezes, de estresse pós-traumático, têm sido frequentes e parecem ser socialmente bastante aceitos. Para o paciente, eles conferem um sentido – de doença – e um reconhecimento do sofrimento que de alguma forma explica o afastamento do trabalho e autoriza o tratamento.

As questões referentes ao afastamento do trabalho, seu prolongamento por meio da comprovação de enfermidade e as perspectivas de vida e de saúde têm-se demonstrado como da maior importância nas psicoterapias de pessoas que buscam atendimento em função de sua atividade profissional. O trabalho desempenha um papel primordial na vida das pessoas, que se reflete em aspectos variados relacionados à subsistência, à saúde e à constituição da identidade, entre outros. Pode-se dizer que o trabalho é uma via privilegiada de inserção social, de emprego de habilidades, de reconhecimento, de possibilidade de realização de atividade construtiva e de aprendizado.

A qualidade da satisfação desses fatores repercute de forma importante na saúde mental e na saúde como um todo.

Aspectos da organização do trabalho e das relações interpessoais no âmbito do mesmo podem desempenhar importante papel na dinâmica psicológica. O aumento da competitividade e da rivalidade no ambiente de trabalho, que tende a deteriorar as relações de coleguismo, a exigência do alcance de metas, a demanda de adequação a novas tecnologias e o risco do desemprego são alguns dos fatores que exercem pressão desestabilizadora na experiência dos trabalhadores. Não são raros os casos nos quais se pode identificar com segurança o papel do trabalho no desencadeamento de adoecimento mental ou mesmo de suicídios. A série de suicídios de funcionários da *France Telecon* que ocorreu em 2009 e 2010 (amplamente divulgada pela mídia nacional e internacional[2]) chama a atenção para a importância de se garantirem condições de trabalho menos opressivas.

Essas questões se fazem especialmente presentes no atendimento psicoterapêutico realizado no ambulatório de saúde do trabalhador. Por vezes, a indignação frente às injustiças do mundo do trabalho e a demanda de que se escrevam laudos pressionam o psicólogo para uma atuação comprometida com os aspectos processuais e periciais referentes à defesa dos

---

[2] Alguns sites em que se pode ler a esse respeito:

<http://pt.euronews.net/2009/09/29/france-telecom-assiste-a-28-suicidios-em-18--meses>/; <http://www1.folha.uol.com.br/folha/dinheiro/ult91u633589.shtml>; <http://www.estadao.com.br/estadaodehoje/20100911/not_imp608285,0.php>.

direitos do trabalhador/paciente, o que pode influenciar ou mesmo comprometer o trabalho clínico. Por outro lado, o contexto de trabalho e a violência que ele pode engendrar devem ser considerados, pois, do contrário, a psicoterapia individual corre o risco de assumir o caráter de uma atividade conivente com o *status quo*, que supostamente promoveria a adaptação das pessoas. Essa questão deve ser levada em conta na definição de um método de trabalho do psicólogo clínico na instituição, no reconhecimento do alcance e das limitações de seu trabalho.

A violência no trabalho pode assumir diferentes formas e surgir como queixa específica na psicoterapia. O conceito de assédio moral tem como fundamento definir o que é abusivo e nocivo nas relações de trabalho e é caracterizado como exercício deliberado de violência contra o outro. Caracterizando-se ou não o assédio moral, a violência a que pode ter sido submetido um paciente em seu trabalho, referida como experiência de ter sido alvo de importante injustiça, pode ter efeitos devastadores. O manejo clínico dessas situações demanda do terapeuta uma leitura cuidadosa, na qual a necessidade e as dificuldades relacionadas ao reconhecimento da violência se fazem presentes.

As situações de sofrimento mental, independentemente de terem sido desencadeadas pelo trabalho, correspondem a um abalo na organização e no equilíbrio psíquicos que acomete a pessoa de forma integral, com consequências variadas para cada indivíduo. Assim, o desenvolvimento e o foco da psicoterapia em ambulatório de saúde do trabalhador podem, por vezes, afastar-se da queixa inicial, diretamente relacionada ao trabalho.

No ambulatório, os médicos emitem pareceres que contêm avaliação da capacidade laboral dos pacientes e do nexo entre adoecimento e trabalho, que têm como função favorecer (ou não) a obtenção de afastamento com direitos previdenciários junto ao INSS. O prontuário é um documento no qual os profissionais de saúde (médicos, psicólogos, assistentes sociais etc.) fazem os registros de diagnósticos, de condutas e da evolução clínica dos pacientes. Considerando as implicações previdenciárias e legais dos diagnósticos atribuídos, que pautam os relatórios, e a presença, ao mesmo tempo, da demanda de tratamento e de garantias financeiras, a confiança no sigilo relacionado ao que se fala na psicoterapia ou, de outro lado, a expectativa de que o psicoterapeuta colabore de alguma forma para a realização de relatórios médicos que favoreçam a obtenção do afastamento (convencendo o médico da gravidade do quadro, por exemplo) são aspectos presentes em um ambulatório de saúde do trabalhador, chamando a atenção para a importância dos desdobramentos do que é comunicado e/ou registrado nos prontuários.

O afastamento do trabalhador de sua função por vezes é necessário. No entanto, o que se observa é que o retorno posterior ao trabalho costuma apresentar novas dificuldades, sendo presente a ameaça de fracasso na reinserção no mercado (Souza e Faiman, 2007). Além disso, para a maioria dos pacientes do ambulatório, não ocorre o esperado restabelecimento do estado de saúde durante o período de afastamento.

As taxas de desemprego mostram a dificuldade que as pessoas, principalmente as menos qualificadas, encontram para ter trabalho. Aqueles que já sofrem algum agravo à saúde, geralmente males crônicos, naturalmente terão maior dificuldade de inserção. Ocorre, então, de existirem pessoas que portam algum distúrbio que prejudica ou impede o exercício de sua profissão anterior, ou que não suportam mais as suas antigas condições de trabalho, mas que não estariam incapacitadas para ter alguma atividade. A ameaça de não conseguir inserção no mercado de trabalho, após período de tratamento, não é apenas fantasia: ela encontra respaldo no contexto social. O retorno ao emprego anterior, com ou sem a estabilidade de doze meses, garantida por lei nos casos em que se considera o trabalho como causa do adoecimento, não é suficiente para apaziguar a situação. Muitas vezes, inseguras de suas capacidades e de seu retorno ao trabalho, como saída ou meio de postergar o problema, as pessoas tendem a buscar estender ao máximo seus afastamentos, o que significa manter-se doente. Ocorre que, para grande parte desses trabalhadores, manter-se afastado também acaba por tornar-se fonte de sofrimento. A situação de 'não-trabalho' pode ser extremamente penosa, tanto por aspectos como o ócio, a perda de reconhecimento e de função na família e na sociedade, como pela incerteza no que tange ao futuro, posto que o afastamento é uma condição temporária.

Observa-se uma intrincada rede de fatores que compõem as situações de adoecimento e de afastamento do trabalho e que se fazem presentes nas psicoterapias. O envolvimento de questões previdenciárias em conjunto com a finalidade terapêutica nos atendimentos, as relações entre sofrimento, adoecimento e afastamento do trabalho e a comunicação na equipe de saúde são alguns desses aspectos. Cada um deles norteia o desenvolvimento de um capítulo deste livro, o que, em conjunto, permite diferentes aproximações complementares ao tema central. A disposição dos capítulos foi feita de forma a expor, inicialmente, questões mais gerais a respeito das relações entre saúde mental e trabalho, incluindo aspectos do sentido que o trabalho pode ter e questões relacionadas ao afastamento e ao adoecimento, e, posteriormente, as questões especificamente clínicas. Assim, nos capítulos iniciais são colocados aspectos que contextualizam os atendimentos e neles repercutem e, nos finais, é o manejo clínico propriamente dito que ganha ênfase.

No livro, são utilizadas algumas ilustrações clínicas em que são apresentados personagens fictícios, elaborados a partir de características e informações que são presentes em casos reais atendidos no ambulatório. Essa forma de proceder permite que o raciocínio clínico seja incorporado e articulado às questões colocadas de forma mais palpável, sem, no entanto, expor pessoas que tenham passado pelas psicoterapias.

O presente estudo poderá ser útil para que se pense em novas formas de abordar o sofrimento no trabalho e seus desdobramentos. Ampliar a compreensão a respeito dos aspectos envolvidos nas situações de sofrimento relacionado ao trabalho, levando em conta a complexidade da questão, possibilita que se abram novas formas de abordagem, tanto no âmbito da saúde, como no jurídico e no social.

2.

BREVE HISTÓRICO DA ATENÇÃO À SAÚDE DO TRABALHADOR E PANORAMA DO ATENDIMENTO EM SAÚDE MENTAL RELACIONADA AO TRABALHO

Para poder desenvolver um estudo a respeito das possibilidades de atendimento psicoterapêutico em ambulatórios de saúde do trabalhador, faz-se necessário retomar um pouco do panorama no qual eles se inserem. A própria existência de um serviço de saúde ocupacional em um hospital público de grande porte e sua atuação devem-se a uma conjunção de fatores definidos a partir da concepção que se tem a respeito da atuação no campo da saúde do trabalhador e à influência de fatores relativos à legislação concernente ao tema. Será feita a seguir uma breve digressão em que serão retomadas algumas informações da história referente ao tema, sem a pretensão de se constituir um fiel retrato histórico da questão.

Na sequência, o foco é direcionado à saúde mental relacionada ao trabalho e são apresentadas algumas ideias de autores que têm se dedicado à questão. Modalidades e propostas de atendimento relatadas na bibliografia relativa ao tema também são expostas. Ao final do capítulo são destacados aspectos peculiares ao atendimento realizado neste tipo de ambulatório que demandam reflexão.

O trabalho e a saúde

Desde a Antiguidade, há registros de estudos e observações dos efeitos do trabalho, ou das condições em que ele é realizado, na saúde dos trabalhadores. Hipócrates (460-375 a.C.), Platão (427-347 a.C.), Aristóteles (384-322 a.C.), Plínio, o Velho (23-790 d.C.), Lucrécio (96-55 a.C.) e Galeno (129-199 d.C.) são alguns dos autores que escreveram a este respeito (Mendes, 2003). Na história do conhecimento das relações entre fatores relacionados ao trabalho e adoecimento, o lançamento, em 1700, do *Tratado sobre as doenças dos trabalhadores* (*De morbis artificum Diatriba*), do médico italiano Bernardino Ramazzini (1633-1714), é considerado um divisor de águas, tendo sido importante referência para a área até o século XIX, quando novos problemas sanitários surgiram em decorrência da Revolução Industrial. Ramazzini estudou exaustivamente os riscos ocupacionais e as doenças associadas a mais de cinquenta profissões. Dentre os muitos méritos de sua obra, Mendes (2003) destaca a atenção à saúde de uma classe relegada até então ao desinteresse da medicina, observações a respeito da determinação social de doenças e a classificação das doenças segundo a natureza e seu nexo com o trabalho.

Foucault (2008), retomando o nascimento da medicina social, assinala que os pobres, que representavam a força de trabalho, foram o último alvo dos cuidados médicos e da medicalização. Em primeiro lugar, a medicina social dirigiu-se ao Estado – no sistema desenvolvido na Alemanha. Em seguida, a cidade foi objeto de cuidado – com as medidas sanitárias tomadas em Paris, que influenciaram de forma importante a arquitetura da cidade. E, por último, a atenção voltou-se aos trabalhadores – com a aplicação da "Lei dos Pobres", na Inglaterra. O sistema desenvolvido na Inglaterra a partir desta Lei atendia aos interesses da burguesia na medida em que reunia, na mesma política de intervenção, a assistência e o controle referentes à saúde dos pobres, protegendo as classes mais ricas. A medicina social que nasce na Inglaterra no século XIX, de acordo com Foucault, tem por função o controle dos mais pobres tornando-os mais aptos ao trabalho e menos perigosos para as classes mais ricas (p. 97).

A preocupação com o risco de epidemias motivou a criação de normas mínimas que protegessem a saúde dos trabalhadores. Assim, a partir de 1802 tem-se notícia de diversos instrumentos de regulação e normatização de condições de trabalho em que constam regras como a definição da idade mínima para trabalhadores, da carga horária máxima para atividades entre outras.

Com a evolução do conhecimento das bactérias e da etiologia de doenças ocorrida no século XIX, a práxis da patologia ocupacional é deslocada do eixo social para a identificação de agentes etiológicos específicos. A medicina legal, por meio da qual se buscam reparações pecuniárias para os agravos sofridos, e a higiene do trabalho, que visa identificar e prevenir as causas do adoecimento, são duas vertentes da patologia do trabalho que se desenvolvem desde então (Mendes, 2003. p. 18).

Em 1919 é criada a Organização Internacional do Trabalho (OIT), que, alguns anos depois, viria a definir uma lista de doenças de etiologia reconhecidamente ocupacional. A utilização das listas para o estabelecimento de nexo causal entre trabalho e adoecimento se mantém até hoje, embora tenham ocorrido muitas transformações, tanto na composição das mesmas, como na sua aplicação (retomaremos esta questão em outro ponto, ao discutir o nexo técnico epidemiológico instituído pelo INSS).

Como resultado da Conferência Internacional do Trabalho promovida pela OIT, em 1959, é divulgada a *Recomendação 112* a respeito dos Serviços de Medicina do Trabalho. As diretrizes ali colocadas passaram a servir como referencial para a elaboração da legislação de diversos países, inclusive do Brasil. De acordo com esta Recomendação, os "Serviços de Medicina do Trabalho" devem situar-se em local próximo à atuação dos trabalhadores e ter como função assegurar a proteção dos mesmos contra os riscos presentes nas atividades, contribuir para a adaptação e a adequação dos trabalhadores e contribuir para o estabelecimento e a manutenção dos níveis mais altos possíveis de bem-estar físico e mental dos mesmos (Mendes e Dias, 1991).

A decorrente implantação dos serviços médicos nas empresas contribuiu, então, para uma maior vigilância dos empregados e para uma seleção mais apurada dos trabalhadores, a ponto de se considerar, na época, que os serviços médicos desempenhavam importante papel no aumento da produtividade (Mendes e Dias, 1991).

Com o desenvolvimento dos estudos de Saúde Pública e as limitações dos serviços médicos face às demandas de saúde, ganha força a visão que postula a necessidade de se intervir nos ambientes de trabalho controlando os riscos ambientais, o que determina uma forma diferente de atuação, que viria a ser chamada de "Saúde Ocupacional". Nessa linha, os fatores químicos, físicos e biológicos a que o trabalhador pode estar exposto em sua atividade passam a ter maior controle, e há uma preocupação no estabelecimento de limites seguros de exposição a esses agentes. Uma das repercussões desta visão no Brasil é a reformulação que a CLT[1] sofreu na década de 70 (Mendes e Dias, 1991).

Com as mudanças que vão ocorrendo no âmbito das empresas, o maior controle dos agentes ambientais e o desenvolvimento de novas tecnologias, observam-se mudanças no perfil de morbidade que levam a se considerar, com maior ênfase, o impacto da organização do trabalho na saúde dos trabalhadores. Concomitantemente, ganha força a corrente da Promoção à

---

[1] Consolidação das Leis do Trabalho – legislação brasileira que rege contratos de emprego.

Saúde, que visa à difusão de hábitos de vida mais saudáveis entre os trabalhadores.

Como bem observam Mendes e Dias (1991), no decorrer dessas transformações, rompe-se a ideia de que cada forma de adoecimento é consequência de um agente etiológico específico e o "objeto da saúde do trabalhador pode ser definido como o processo saúde-doença dos grupos humanos, em sua relação com o trabalho" (p. 347).

Levando em consideração que não é sempre possível definir agentes etiológicos específicos para cada adoecimento, a saúde do trabalhador deve dirigir seu olhar crítico à organização do trabalho e às condições nas quais ele é realizado, uma vez que tem como característica básica a busca da compreensão das relações entre aspectos da atividade de trabalho e a saúde das pessoas, ou, mais especificamente, as repercussões subjetivas das experiências vividas no âmbito profissional que podem ser relacionadas à saúde.

A *saúde mental em foco*

De acordo com Seligmann-Silva (1994), o primeiro estudo especificamente a respeito dos aspectos psicológicos do trabalho foi escrito por Munsterberg e publicado em 1913, na Inglaterra. Trata-se de uma obra voltada para as aplicações da psicologia para a eficiência industrial. A autora cita também um estudo que localizou uma edição do *Journal of Psychiatry* de 1927 em que constava material a respeito desse tema sob o nome de Psiquiatria Ocupacional. Saúde Mental Ocupacional e Psiquiatria Industrial são também referências ao que, à época, se considerava uma nova disciplina.

A partir da década de 1920, Elton Mayo desenvolve estudos voltados, principalmente, para elevar a motivação dos assalariados. O contexto no qual Mayo realiza seus trabalhos era dominado pelas ideias de eficiência da administração científica de Frederick Winslow Taylor, responsáveis, entre outros aspectos, pela maior divisão das funções no interior das fábricas, pela divisão das tarefas em etapas distintas realizadas por diferentes trabalhadores e pelo aumento da cadência das linhas de produção, instaladas a partir das ideias de Ford (Seligmann-Silva, 1994).

Em estudo pioneiro, publicado originalmente em 1956, na França, Le Guillant (2006) observa a presença de um padrão de distúrbio presente num grupo de mulheres que exerciam a profissão de telefonista. Alguns comportamentos insólitos, como responder à campainha do metrô, relatos de impaciência, automatismos, entre outras perturbações, caracterizam o que o autor nomeou como neurose das telefonistas. Nesse estudo, portanto, Le Guillant estabelece uma conexão direta entre as características do trabalho e o tipo de perturbação apresentada, apontando uma relação de causa e efeito.

Elliot Jaques, psicanalista de orientação kleiniana, publica, em 1955, na Inglaterra, "Os sistemas sociais como defesa", texto que traz aspectos do funcionamento mental analisados em uma intervenção terapêutica realizada em uma empresa metalúrgica por alguns anos, a partir de 1948. O trabalho terapêutico havia sido realizado a pedido de grupos e de indivíduos da própria empresa, e teve como finalidade a assistência, a eliminação de tensões intragrupais e a solução de problemas organizacionais. Servindo-se de observações de Freud a respeito do funcionamento de grupos e dos mecanismos de idealização, bem como dos conceitos de introjeção, de projeção e de identificação projetiva, o autor mostra como alguns sistemas sociais, como ambientes de trabalho, por exemplo, podem ser estruturados de forma a abrigar ansiedades persecutórias e/ou depressivas individuais. Segundo o autor, os indivíduos associam-se às instituições e cooperam inconscientemente com elas para reforçar suas defesas internas contra a ansiedade e a culpa (Jaques, 1969).

Isabel Menzies, também psicanalista, publica em 1970 o artigo "O funcionamento das Organizações como sistemas sociais de defesa contra a ansiedade", em que faz considerações muito importantes nas quais observa aspectos específicos da atuação de mecanismos de defesa psíquicos no trabalho de enfermeiras. Com sua acurada observação, ela verifica as dificuldades inerentes a essa função profissional que envolve, entre outros fatores, cuidado com pacientes em estado grave, intensos sentimentos – tanto de repulsa como eróticos – despertados pelo contato próximo com corpo dos doentes, a dor de pacientes e de seus parentes e as intensas solicitações emocionais atreladas a isso, e a responsabilidade na tomada de decisões. A angústia e a ansiedade que podem ser despertadas podem ser insuportáveis. Em sua análise, Menzies mostra como aspectos da organização do trabalho expressam mecanismos de defesa contra essas ansiedades, isto é, como a cultura organizacional é estruturada – inconscientemente – com vistas a negar as angústias presentes e a tornar o trabalho aparentemente suportável (Menzies, s/d[2]).

Muitos anos depois, Dejours (1987, 1994) também verificou a presença de estratégias de defesa presentes em coletivos de trabalhadores com características peculiares às funções desempenhadas e seus fatores causadores de ansiedade.

Muitos outros autores, com enfoques diversos, têm abordado a saúde mental relacionada ao trabalho, por vezes desenvolvendo terminologia específica para referir-se aos fenômenos observados.

Karasek desenvolve o modelo *demanda x controle* para explicar como o bem-estar do trabalhador e sua saúde mental vinculam-se às demandas e à carga de responsabilidade assumida no trabalho e à autonomia que o profissional tem no mesmo para a resolução dos problemas (citado por Mendes, 2003).

Há uma corrente muito difundida que tem como conceito central o estresse (ou *stress*), também chamado de Síndrome de Adaptação Geral (SAG), postulado pelo médico vienense Hans

---

[2] O texto consultado é uma tradução não publicada, realizada pela Profa. Arakcy Martins Rodrigues para uso interno da Escola de Administração de Empresas de São Paulo da Fundação Getúlio Vargas. MENZIES, I. "O funcionamento das organizações como sistemas sociais de defesa contra a ansiedade". Texto traduzido e adaptado de: *The functioning of organizations as social systems of defense against anxietie* – Tavistok Institute of Human Relations, 1970.

Selye (1959). Este autor observou que o sistema endócrino e o sistema nervoso desempenham importante papel na manutenção de um bom estado de funcionamento do organismo na presença de agentes estressores. Em outras palavras, esses sistemas agem na manutenção da homeostase, isto é, da resistência ao estresse. Selye relata que teve seu interesse particularmente despertado para essa questão a partir de sua primeira aula de clínica médica, quando ainda era aluno, em 1925. Nessa aula, observara que os pacientes doentes apresentavam sintomas comuns entre eles e que não eram específicos das doenças que tinham, não tendo, portanto, valor diagnóstico. Febre, dores difusas, perturbações gástricas ou irritações cutâneas eram alguns desses sintomas que compunham uma "Síndrome de estar apenas doente" (Selye, 1959).

Fatores potencialmente desencadeadores de estresse e formas de fazer frente a ele são bastante estudados pelos que pautam suas pesquisas no conceito de estresse. Alguns autores dão maior ênfase à compreensão das respostas fisiológicas, como Frankenhaeuser (citado por Mendes, 2003 e Rocha, 1996) enquanto, outros, às técnicas relacionadas ao comportamento. Entre os autores brasileiros que se destacam no estudo do estresse podem ser citados Lipp (1996) e Vasconcellos (1998). Há também quem teça articulações do conceito com a psicanálise, desde Spitz, ao analisar o estresse de bebês (citado por Arantes e Vieira, 2002), até estudos voltados para o entendimento do chamado *Transtorno de estresse pós-traumático*, em que a concepção de trauma possibilita releituras psicanalíticas, ao retomar, entre outras questões, a análise das defesas psíquicas e a noção freudiana do excesso de excitação que invade o aparelho psíquico. Em *Transtorno de Estresse Pós-Traumático: uma neurose de guerra em tempos de paz* (Vieira Neto e Vieira, 2005), essa abordagem é utilizada e aplicada à compreensão da saúde mental de trabalhadores bancários. A atual versão da Classificação Internacional de Doenças – CID 10 – contempla essa terminologia (Estado de stress pós-traumático F43.1), e o nexo causal com a situação de trabalho costuma ser facilmente estabelecido.

Maria Auxiliadora Arantes, em seu livro *Estresse* (Arantes e Vieira, 2002), também utiliza o conceito articulando-o ao referencial psicanalítico, utilizando concepções da psicossomática desenvolvidas por Pierre Marty e por Joyce McDougall.

Da ergonomia, desenvolvida especialmente na França, deriva-se a ideia de carga de trabalho, utilizada posteriormente por autores de outras vertentes para fazer referência à ideia do custo pessoal do trabalho, do que ele demanda física, mental e psicologicamente a quem o realiza. Embora se trate de um conceito bastante genérico, ele tem se mostrado útil para a compreensão das articulações entre insatisfação ou sofrimento e os processos saúde-doença.

A partir do modelo teórico proposto por Laurell e Noriega a respeito do desgaste[3] e da indagação da possibilidade de se verificar os efeitos do desgaste no plano mental da mesma

---

[3] Exposto em LAURELL, A. C. e NORIEGA, M. *Processo de produção e saúde: trabalho e desgaste operário.* São Paulo: Hucitec, 1989.

forma que se observa em relação ao corpo, Seligmann-Silva (1994) constrói sua base conceitual. Nesse raciocínio, a fadiga crônica ou patológica pode ser entendida como *desgaste mental*, conceito-chave para seu desenvolvimento teórico. A autora explica sua opção por essa abordagem em função da possibilidade de integrar aspectos sociais, psicológicos, afetivos e orgânicos envolvidos na saúde do trabalhador.

O livro *Doença Ocupacional: psicanálise e relações de trabalho*, de Marina Durand é um trabalho que merece destaque na área de saúde mental do trabalhador. Esse livro reúne uma série de conferências da autora e é baseado na experiência de atendimento em um centro de reabilitação para o trabalho. Dentre os temas tratados, a autora fala sobre os sentidos que a LER/DORT (distúrbio osteomuscular relacionado ao trabalho) adquire para o trabalhador que sofre com este distúrbio e da reconstrução da possibilidade de fazer projetos pessoais como uma meta para os atendimentos. Outro tema abordado de forma bastante interessante refere-se às relações subjetivas no âmbito do trabalho. A autora observa que, para o funcionário, por vezes o empregador passa a desempenhar funções psíquicas semelhantes às que os pais têm para a criança. Considerando que a lógica que rege os contratos de trabalho é a lógica da produção, situações como uma demissão podem potencialmente desencadear muito ressentimento, entre outras dificuldades (2000). A autora publicou um segundo livro no qual desenvolve um estudo psicanalítico do que considera ser a subjetividade brasileira tendo como prisma as relações de trabalho (2010).

Uma das observações que a autora faz refere-se ao sentimento de culpa eventualmente estimulado na relação de trabalho. A partir de considerações de Braverman e de Seligmann-Silva, Durand explica que o assalariado vende a sua capacidade de trabalho em um determinado período de tempo, e isso é potencialmente infinito, uma vez que os limites de produtividade muitas vezes não podem ser objetivamente aferidos. Decorre daí uma possibilidade de o assalariado estar em uma posição de constante dívida, como se pudesse render mais, o que estimula sentimentos de culpa. A questão apontada por Durand reside no fato de que os processos transpessoais (relacionados ao trabalho) e os intrapsíquicos (inerentes ao funcionamento psíquico de cada um) se misturam e se reforçam mutuamente na vivência do trabalhador, resultando na possibilidade de que esse sentimento, de estar em dívida, determine um estado de sujeição (p. 121).

Durand aponta mais uma importante decorrência do modelo de trabalho assalariado, no qual a desconfiança geralmente existente entre empregador e empregado alimenta a dificuldade de se aferir o quanto o trabalhador pode render nas suas atividades. Trata-se da presença inevitável da doença ocupacional e do acidente de trabalho, que passam a ser a expressão de que o limite de exigência foi ultrapassado.

Christophe Dejours talvez seja o mais influente autor na atualidade a escrever a respeito de saúde mental e trabalho, sendo responsável pela vertente teórica denominada de psicodinâmica do trabalho, que tem se difundido especialmente na França, no Brasil e no Canadá. Em um de seus livros mais antigos (Dejours, 1987), ele estuda os efeitos que o trabalho realizado em um modelo taylorista pode ter sobre o psiquismo. Nesse sentido, descreve efeitos como a "Fadiga operária", resultante da 'produção de vontade' necessária à realização de atividades sem sentido subjetivo algum, que demandam a sujeição do corpo a ritmos e movimentos que são alheios às suas necessidades naturais. Dejours descreve como a insatisfação no trabalho pode transformar-se em sofrimento, na medida em que o sujeito vê como esgotados e inúteis seus esforços em busca de melhorar sua adaptação e/ou alterar suas perspectivas, e como este sofrimento se vincula ao adoecimento.

Este autor (1987) observa que existe um choque entre as expectativas de trabalho e a realidade que a pessoa encontra ao ingressar na sua atividade profissional, cabendo ao aparelho psíquico tentar diminuir a carga de insatisfação e buscar formas de gratificação possíveis para o indivíduo na atividade. A plasticidade psíquica subjetiva permite que as pessoas geralmente desenvolvam algum grau de adaptação, se envolvam e encontrem alguma forma de gratificação em situações e atividades muito diversas. Este é um aspecto da maior importância, pois se refere ao sentido individual que o trabalho pode assumir, o que sustenta a mobilização subjetiva necessária para a continuidade das atividades.

Nesse confronto entre o sujeito e a *realidade do trabalho*[4] podem ocorrer transformações subjetivas e, também,

---
[4] Expressão utilizada por Dejours para o que se refere à experiência direta do trabalhador e é irredutível à teorização.

transformações da atividade, decorrentes do modo pessoal como ela passa a ser realizada. Isto significa que o trabalhador não apenas se adapta à tarefa, mas, também, busca adaptar a tarefa às suas necessidades e inclinações pessoais. Por vezes, certas alterações no modo de se trabalhar que um trabalhador coloca em ação contribuem no desenvolvimento de processos de produção, são incorporados pela organização e modificam os padrões anteriores. A lacuna entre o trabalho prescrito e o trabalho real é o espaço da atuação subjetiva, da possibilidade ou da necessidade de criatividade.

Há postos de trabalho em que as tarefas são rigidamente definidas e monótonas, não permitindo qualquer margem de ajuste das atividades às características pessoais de quem as executa. E, além disso, as atividades podem não ter qualquer sentido para o trabalhador, dada a segmentação dos processos de produção. Manter-se realizando algo que não desperta qualquer interesse e que não permite qualquer ajuste demanda um esforço especial, além da inibição autoimposta da atividade espontânea, seja ela motora ou mental (distrações). Em seu livro *A loucura do trabalho* (1987), Dejours afirma que a submissão a atividades com essas características tende a prejudicar a capacidade de fantasiar e de fazer planos; em outras palavras, prejudica o funcionamento mental, em especial no que se refere ao pré-consciente. Isso significa que existiria um favorecimento do funcionamento mental operatório, em oposição à atividade fantasmática. Para a corrente da psicossomática francesa[5], a atividade fantasmática (neurótica) é necessária à formação de sintomas psíquicos, que podem manifestar o sofrimento de forma mais desenvolvida e menos destrutiva do que aquela presente no funcionamento operatório, em que o processo de simbolização é pobre e a descarga pulsional tende a se dar diretamente no corpo. Com essa linha de raciocínio, o autor explica o que seria um mecanismo de fragilização psicossomática, que ele considera passível de ser favorecido por certas organizações do trabalho, responsável por um aumento da incidência de adoecimento (no corpo) como manifestação do sofrimento.

Considerando enigmático o fato de muitos trabalhadores submetidos a situações adversas não adoecerem, Dejours altera seu enfoque, passando a dirigir sua atenção mais ao trabalhador do que à organização do trabalho ou à doença. Assim, a compreensão do sofrimento e das defesas contra o adoecimento passa a ser objeto de estudo (Dejours e Abdoucheli, 1994), o que significa direcionar a atenção para o aspecto dinâmico do funcionamento mental.

Reconhecendo que a angústia é inerente à vida, Dejours questiona o conceito de saúde proposto pela OMS, definido como estado de completo bem-estar. Para o autor, a saúde tem como característica a busca por alívio das insatisfações e/ou pela resolução de questões que nos causam sofrimento e, em oposição, a impossibilidade de buscar soluções e de fazer

---

[5] Que tem entre seus principais autores Pierre Marty, Christophe Dejours e Michel de M'Uzan.

planos caracterizaria a doença. Postula, então, uma distinção entre sofrimento criativo, motor de mudanças, e sofrimento patogênico.

O mesmo autor, em uma fase mais recente (Dejours et al., 1994), volta o foco de sua atenção para a questão da qualidade do reconhecimento que o trabalhador obtém por intermédio da realização de sua atividade. Esse reconhecimento de qualidades relacionadas direta ou indiretamente ao trabalho pode ser proveniente de diferentes âmbitos, como do relacionamento com os pares, com superiores hierárquicos, com os familiares e da sociedade em geral, e mesmo da remuneração obtida.

Dejours apresenta opiniões diversas em diferentes fases de seus estudos a respeito da interação entre o adoecimento do corpo e os aspectos emocionais. Por muitos anos, o autor pautou seu pensamento pelos desenvolvimentos da escola francesa de psicossomática, que tem como principais expoentes Pierre Marty e Michel de M'Uzan. Nessa linha, considera-se que existam estruturas psíquicas mais propensas à somatização em virtude de certa pobreza no processo de simbolização ou, dito de outra forma, de falhas no funcionamento pré-consciente. Em trabalho de 1998 (Dejours, 1998), o autor expõe um pensamento diferente, em que a doença somática tem um valor expressivo, o que coloca em primeiro plano, na sua determinação, o relacionamento intersubjetivo, em detrimento da ênfase nos aspectos intrasubjetivos eventualmente envolvidos.

Os efeitos que a avaliação do trabalho tem para os trabalhadores foram objeto de estudo do autor em trabalho publicado no Brasil em 2008, em que aponta como as relações de trabalho tendem a deteriorar-se em função da rivalidade interna estimulada pelos sistemas de avaliação. Ele ressalta que as avaliações, além de potencialmente desastrosas e com importantes efeitos deletérios para as relações e para a subjetividade, são sempre injustas, uma vez que é impossível medir o trabalho, no sentido da mobilização subjetiva e do esforço empenhado (Dejours, 2008a).

Possivelmente mobilizado pelas ondas de suicídio de funcionários que ocorreram na *France Telecon* (entre 2008 e 2010) e, anteriormente, na *Renault*, em 2007, Dejours também tem estudado a questão do suicídio no trabalho, tendo publicado recentemente um livro a esse respeito (Dejours e Bègue, 2010).

Yves Clot também é um autor importante na área e seu livro mais conhecido do público brasileiro é *A função psicológica do trabalho* (Clot, 2006). Este autor desenvolve uma abordagem original e rica em que defende a centralidade do trabalho na experiência humana. Partindo de ideias da ergonomia, como a de que se deve buscar a adaptação do trabalho ao trabalhador – e não o contrário – e do reconhecimento da diferença entre trabalho prescrito e trabalho real, o autor abre novos caminhos ao colocar em foco a subjetividade do trabalhador, criando uma categoria que chamou de *real da atividade*. Essa categoria abrange não apenas o que é realizado, mas também o que se pensa em realizar, o que se desejaria realizar, o que não se consegue realizar e, acrescenta, "[...] aquilo que se faz para não fazer aquilo que se tem a fazer ou ainda aquilo que se faz sem querer fazer [...]". Ele aponta que tudo isso faz parte da experiência e, portanto, compõe o "real da atividade" a ser analisado (Clot, 2006).

Este autor afirma que a organização do trabalho de muitos postos, especialmente nos ligados à prestação de serviços, tende a diminuir aqueles que trabalham. Ele chama a atenção para um aspecto paradoxal das organizações de trabalho, que é o de se cobrar uma dedicação total e atribuir-se muita responsabilidade aos funcionários sem, contudo, disponibilizar-lhes os meios que seriam necessários para que as tarefas fossem realizadas de forma completa e significativa. Assim, o trabalho é reduzido à realização de procedimentos e perde seu sentido de utilidade. Com este raciocínio, demonstrando como a organização do trabalho pode contrariar sua ação e impedir as pessoas de trabalhar, Clot (2001) coloca a ideia de atividade impedida e considera que "[...] o sofrimento é uma atividade contrariada, um desenvolvimento impedido. É uma amputação do poder de agir" (p. 5).

Vale a pena citar, mesmo que sucintamente, o trabalho de Miguel Matrajt, do México. O autor entende que o trabalho é "uma das intersecções-chave entre o social e o subjetivo, entre a história individual e a coletiva, entre os imaginários institucionais e as fantasias singulares, entre as pressões político-culturais e a subversão subjacente e fundante da personalidade" (Matrajt, 2007, p. 4, tradução livre).

O que chama a atenção em seu trabalho é a clareza na articulação de todos esses diferentes âmbitos em suas análises, mostrando, por exemplo, os mecanismos pelos quais a alteração de uma lei pode repercutir no psiquismo de operários.

Tendo em vista a gravidade das repercussões que situações de injustiça e de humilhação vividas no âmbito do trabalho podem ter para o trabalhador, há, atualmente, muitos autores que vêm trabalhando com o conceito de assédio moral. Autores pioneiros no estudo dos abusos cometidos no ambiente de trabalho, como Heinz Leymann (citado por Hirigoyen, 2000), utilizam o termo inglês *mobbing* para referir-se a essas situações. Hirigoyen (2000) pode ser considerada como pioneira no uso da expressão *assédio moral* tal qual ela é conhecida hoje, e seus livros são referência para autores brasileiros como Barreto (2003), Heloani (2004), e Glina (2010). De maneira simplificada, pode-se dizer que assédio moral é a exposição do trabalhador a situações humilhantes e/ou constrangedoras de forma deliberada, repetitiva e prolongada no contexto de trabalho, que se caracteriza pela degradação das condições de trabalho.

Outro estudo de interesse é o de Soboll (2008), em que a ideia de assédio é aplicada em um âmbito diferente daquele do assédio moral propriamente dito. Ela o utiliza na análise de práticas institucionais que podem ter efeitos perversos para os trabalhadores. Enquanto o assédio moral visa a humilhar e a excluir a pessoa que é alvo da ação, o assédio organizacional tem como intuito a produtividade elevada. A autora mostra como determinadas práticas organizacionais, ao priorizarem o aumento da produtividade e o lucro a qualquer preço, configuram estratégias abusivas de gestão que desrespeitam e agridem seus trabalhadores, gerando neles intenso sofrimento. Soboll também aponta para o risco de banalização da violência na medida em que os abusos possam parecer justificáveis pela lógica pautada apenas no aspecto econômico.

Com enfoque psicanalítico, a partir da prática de atendimento de trabalhadores, Martins escreveu sua tese de doutorado, posteriormente publicada como livro, sob o título *Clínica do trabalho* (Martins, 2009). Em uma de suas colocações, a autora discute as determinações psíquicas que podem estar presentes nas queixas relacionadas aos quadros dolorosos associados às DORTs, apresentando um ponto de vista diferente daquele mais frequentemente encontrado em abordagens psicanalíticas que associam o quadro à somatização ou às manifestações histéricas. Para a autora, as DORTs são o resíduo de relações com o trabalho caracterizadas por laços sociais perversos e de um pacto de sofrimento e de não reconhecimento (Martins, 2005).

A produção bibliográfica em saúde mental relacionada ao trabalho é crescente e há muitos livros e teses de interesse para quem pesquisa esse tema. Como não é proposta do presente texto realizar uma revisão bibliográfica detalhada, cito a seguir apenas alguns autores e trabalhos publicados no Brasil nos últimos anos, sem a pretensão de abarcar a bibliografia disponível.

Bendassolli e Soboll (2011) são os organizadores de *Clínicas do trabalho: novas perspectivas para compreensão do trabalho na atualidade*, importante livro que reúne escritos de autores franceses e brasileiros que apresentam abordagens diversificadas sobre o tema, permitindo ao leitor um conhecimento aprofundado por meio da leitura de textos representativos de cada linha teórica.

Em *Trabalho e desgaste mental: o direito de ser dono de si mesmo*, Edith Seligmann-Silva (2011) retoma conceitos de seu livro anterior, lançado em 1994, e expande seu estudo de forma a compor uma rica trama conceitual na qual articula conceitos de diversas vertentes em uma visão própria. A autora reafirma a importância de fatores políticos, econômicos e sociais no processo de desgaste mental relacionado ao trabalho e destaca os conceitos de identidade em processo, de economia psicossomática e de corrosão de caráter como base para o entendimento do processo de desgaste mental relacionado ao trabalho. Trata-se de uma obra muito abrangente sobre o tema.

Dentre vários autores brasileiros que vêm escrevendo e publicando na vertente da psicodinâmica do trabalho, destaca-se a produção de Ana Magnólia Mendes, como autora e como organizadora de diversas publicações (Mendes, Lima e Facas (Org.) 2007; Mendes et al. (Org.) 2010; Mendes e Araújo, 2011).

A obra organizada por Débora Glina e Lys Esther Rocha, *Saúde Mental no trabalho: da teoria à prática* (Glina e Rocha (Org.), 2010) merece destaque por reunir textos de diversos autores contemporâneos sobre o tema.

No âmbito universitário, há inúmeras teses e dissertações com diversas abordagens do tema. Dentre elas, destaco *Algumas contribuições da psicanálise ao campo do conhecimento da saúde mental no trabalho*, defendida por Azevedo (2003) e a tese de Menezes (2010), que, pelo prisma da psicanálise, aborda a precarização do trabalho.

O atendimento à saúde mental do trabalhador

Retomando dados históricos, Sato e Bernardo (2005) referem que "[...] desde a década de 1920, nos Estados Unidos da América, documentam-se atividades englobadas sob o título de Saúde Mental Ocupacional [...]". Segundo as autoras, a atividade consistia basicamente em psicoterapia oferecida aos trabalhadores, sendo que o trabalho, as condições em que era realizado e sua organização eram tomados apenas como pano de fundo, sem receber maior atenção. No Brasil, na década de 1940, as chamadas ciências do comportamento também se ocupavam da saúde mental dos trabalhadores, atuando especialmente em dois domínios: o das técnicas visando à seleção e à adaptação profissional e o da análise de pessoas que apresentassem possíveis transtornos mentais. No segundo caso, os profissionais da saúde mental eram recrutados para atuar como peritos da Justiça do Trabalho, dando subsídios às decisões referentes aos pedidos de indenização encaminhados pelos trabalhadores acidentados (Bertolli-Filho, 1992-1993, citado por Sato e Bernardo, 2005).

A experiência de intervenção terapêutica realizada pelo psicanalista Elliott Jaques em uma metalúrgica inglesa entre 1948 e 1955 também deve ser lembrada. Trata-se de um trabalho de análise de longo prazo que incluiu operários e membros do corpo diretivo da empresa, com vistas a solucionar problemas organizacionais (Jaques, 1955).

Embora o bom estado de saúde do trabalhador seja um interesse comum a ele e ao empregador, uma vez que um funcionário em boas condições pode produzir mais, devemos levar em conta que há interesses diversos e em conflito que interferem na atenção à saúde do trabalhador. A formulação de diagnósticos e a linha terapêutica prescrita têm consequências para a saúde, para a produção da empresa e para os desdobramentos legais atrelados à saúde do trabalhador. Os desdobramentos têm repercussões financeiras importantes para o trabalhador e para a empresa (e, ampliando-se a escala, para a Seguridade Social). A atribuição de responsabilidade por condições que contribuam para o adoecimento também é um fator importante. Portanto, o atendimento em saúde ocupacional é atravessado por variáveis que lhe são peculiares e que demandam reflexão. O atendimento de saúde realizado por profissional que é também funcionário da empresa tenderá a ter um enfoque diferente de outro realizado por um prestador de serviço externo, daquele recebido em um Centro de Referência à Saúde do Trabalhador ou, ainda, daquele realizado pelo profissional contratado por um sindicato. Apesar das possíveis diferenças, como bem assinalam Brant e Minayo-Gomez (2007), por uma conjunção de fatores, a forma como se tem dado encaminhamento às manifestações de sofrimento no trabalho, atualmente, é pela sua transformação (ou equiparação) ao adoecimento. E, via de regra, as pessoas são atendidas, recebem diagnósticos, remédios, atestados e, muitas vezes, afastamentos do trabalho. Essas medidas geralmente são necessárias por atender de uma forma viável à necessidade mais premente do trabalhador em situação de sofrimento. No entanto, o contraponto da predominância desta abordagem é o deslocamento para o plano individual de questões muitas vezes relacionadas ao contexto mais amplo, social, econômico e da organização do trabalho. Tal deslocamento enseja a ideia de que, após o tratamento da "doença", o paciente/trabalhador poderá voltar, restabelecido, às suas funções, e não é isso o que geralmente se observa.

Os Centros de Referência à Saúde do Trabalhador (Cerest e CRT) pertencem ao SUS[6] e foram criados com o intuito de agir simultaneamente em duas frentes, tanto no atendimento aos trabalhadores como na orientação e na vigilância das empresas para a observação de medidas que garantam condições satisfatórias de trabalho. A obrigatoriedade legal da notificação de transtornos mentais relacionados ao trabalho pretende possibilitar a realização de estudos epidemiológicos e permitir a mobilização de instâncias responsáveis pela vigilância das condições de trabalho.

---
[6] Sistema Único de Saúde.

Dentre as funções atribuídas ao Instituto Nacional de Seguridade Social (INSS) consta a reabilitação que favoreça a reintegração profissional de trabalhadores afastados. Por vários anos, os Centros de Reabilitação Profissional (CRPs) do INSS buscaram esse objetivo prestando atendimento a muitos trabalhadores. Atualmente, existem ações com esse intuito desempenhadas tanto por programas do INSS, ações de Sesmt[7] de algumas empresas, de Cerests ou de instituições conveniadas. Nesse sentido, é digno de nota o trabalho que vem sendo desenvolvido na região de Piracicaba, no interior de São Paulo, em que Cerest e INSS atuam de forma articulada buscando uma interação construtiva (e educativa no que se refere à saúde do trabalhador) com as empresas da região. No entanto, essas iniciativas ainda têm uma abrangência restrita frente ao contingente de trabalhadores em afastamento e muitas vezes se deparam com importantes limitações, como a falta de postos de trabalho alternativos, compatíveis com novas possibilidades dos trabalhadores, nas empresas em que eles trabalhavam. Na experiência do ambulatório que serve de base para a presente reflexão, geralmente, os pacientes não participam de qualquer programa específico que favoreça a reinserção profissional.

A partir da observação das dificuldades engendradas no retorno ao trabalho e da importância que o trabalho desempenha na saúde mental, a equipe de Saint-Arnaud (2011),

---

[7] Serviços Especializados em Engenharia de Segurança e em Medicina do Trabalho. Sua existência é regida pela Norma Regulamentadora 4 da CLT.

do Canadá, vem aplicando o *Protocolo de reabilitação e retorno ao trabalho* nos casos que apresentam problemáticas ligadas à saúde mental com bons resultados. A intervenção proposta tem basicamente duas frentes. Em uma delas, os dirigentes, supervisores etc. da empresa são sensibilizados para o fato de que a maioria dos afastamentos se dá em função de sofrimento mental relacionado ao trabalho e para a importância que o ambiente de trabalho, no que se refere ao companheirismo e ao reconhecimento experimentados, tem para a saúde mental. Na outra frente, o retorno do trabalhador é acompanhado por um mediador que buscará facilitar a comunicação entre ele e seus superiores hierárquicos. O objetivo desta mediação é que o paradigma da supervisão se altere, que a cobrança ceda lugar à colaboração. Esse tipo de intervenção só é possível em empresas que estejam interessadas em rever sua organização e em reverter a situação de afastamento de trabalhadores. Não se trata de uma intervenção clínica, mas, quando esse tipo de intervenção é possível, pode ter importantes efeitos terapêuticos. Na medida em que a ação engloba o trabalhador e seu ambiente profissional, as chances de um desfecho favorável são bem maiores (Saint-Arnaud, 2011).

Retornando à questão do atendimento propriamente dito, um aspecto a ser também levado em conta refere-se à sua demanda: de que instância ela surge e com quais expectativas. O trabalhador pode solicitar atendimento por sentir-se doente ou porque não suporta seguir no seu posto de trabalho e busca uma saída para isso. Pode ainda ocorrer de a solicitação partir de seu chefe ou de seus familiares. A demanda de atendimento pode ser voltada a um indivíduo, a um setor ou à empresa de uma forma mais abrangente. Esse aspecto permite distinguir situações que confluem na demanda de atenção à saúde do trabalhador e visualizar as possibilidades de intervenção.

Matrajt (2007) e Dejours (2008c) levam em conta essas questões e consideram como passos iniciais de qualquer intervenção elucidá-las. Esses autores propõem modalidades de intervenção a serem realizadas nos contextos de trabalho com os trabalhadores visando à melhora das condições/organização do trabalho e favorecendo, assim, a satisfação e a saúde dos trabalhadores. O método proposto por Matrajt inclui análise dos processos de produção, aplicação de questionários e de inventários, entrevistas individuais e grupais e devolutiva individualizada por escrito a todos os participantes do processo, de todos os diferentes níveis hierárquicos da empresa. Na psicodinâmica do trabalho proposta por Dejours, também se deve fazer uma análise dos processos e uma aproximação do real do trabalho. Esta modalidade de intervenção tem como instrumento principal a entrevista com coletivos de trabalhadores. Intervenções como as que esses dois autores propõem só são possíveis se os pesquisadores/interventores tiverem liberdade e independência e contarem com a anuência dos diferentes escalões envolvidos na resolução de problemas que devem ser reconhecidos como institucionais.

Em maio de 2010 foi realizado em São Paulo um Congresso de Psicodinâmica do Trabalho em que, pelos trabalhos expostos, foi possível notar que o método de Dejours tem sido bastante utilizado, especialmente no Brasil, na França e no Canadá. O Laboratório de Investigação e Intervenção em Saúde e Trabalho da Universidade de São Paulo, coordenado por Selma Lancman, e o Laboratório de Psicodinâmica e Clínica do Trabalho da Universidade de Brasília (LPCT), coordenado por Ana Magnólia Mendes, têm desempenhado importante papel na difusão da corrente dejouriana no Brasil. Um dos recentes frutos do LPCT é o livro *Clínica psicodinâmica do trabalho: práticas brasileiras* (Mendes e Araujo, 2011), em que as autoras relatam experiências de atendimento/pesquisa realizadas com grupos de trabalhadores de diversos contextos de acordo com as propostas de Dejours. Explicitar e ressaltar o vínculo da psicodinâmica do trabalho dejouriana com a psicanálise é um propósito cumprido pelo texto. Entre as experiências de intervenção analisadas no livro, estão uma realizada com bancários e uma desenvolvida com uma equipe de atendimento de saúde mental de um Centro de Atenção Psicossocial.

Marie Pezé, psicanalista francesa, também se dedicou por anos à saúde mental de trabalhadores. O livro *Ils ne mouraient pas tous, mais tous étaient frappés: journal de consultation "Souffrance et Travail"* traz relatos de sua experiência de atendimento. Além da narração de aspectos de seus pacientes e das condições que eles enfrentavam no trabalho, é possível, no livro de Pezé, entrever as dificuldades que ela enfrentava na sustentação de um serviço de atendimento que não tinha respaldo na instituição em que se encontrava. Ironicamente, a atividade da psicanalista no atendimento de trabalhadores no hospital de Nanterre foi encerrada por um afastamento médico embasado em limitações que não se relacionam à atividade de atender pacientes, mas, sim, à sua dificuldade para carregar prontuários subindo e descendo escadas e de digitar os relatórios – funções que poderiam facilmente ser desempenhadas por algum ajudante. A autora destaca a importância do respaldo jurídico que deve ser dado aos trabalhadores no enfrentamento de situações de injustiça que muitos deles enfrentam (Pezé, 2008).

Particularidades de ambulatórios de saúde do trabalhador

O que distingue um centro de atendimento exclusivamente voltado à saúde do trabalhador de um ambulatório comum é o enfoque especializado no reconhecimento da participação de fatores relacionados à atividade ocupacional nos agravos à saúde, o que, em princípio, confere melhores condições de atendimento.

Para o bom atendimento clínico, os serviços voltados à saúde do trabalhador encontram como desafio reconhecer e compreender como as pressões relacionadas aos direitos previdenciários, em outras palavras, à angústia relacionada à garantia da subsistência, se fazem presentes nos pacientes atendidos como codeterminantes de seus quadros relacionados à saúde. As articulações entre o tratamento clínico e o apoio ao paciente no que se refere aos seus direitos legais demandam reflexão. A necessidade de tratamento e a de subsídios para a obtenção do amparo financeiro da Previdência Social compõem o pedido de ajuda do paciente, e cabe ao psicoterapeuta o manejo do atendimento de forma a incluir no trabalho clínico o favorecimento da elaboração das angústias relacionadas aos diferentes aspectos de sua demanda. Dessa forma, poderá colaborar indiretamente para que seu paciente possa ir à busca das providências que julgar necessárias.

Em ambulatórios para os quais os pacientes são individualmente encaminhados, o atendimento é naturalmente voltado para a saúde do trabalhador/paciente no âmbito individual. Existem situações de trabalho potencialmente muito adversas e nocivas à saúde dos trabalhadores. A atenção individualizada, de alguma forma, tende a deslocar o tratamento de uma questão que pode ser institucional/social, que engendram conflitos inerentes à ordem capitalista, para o plano individual. Os aspectos financeiros pautam a organização e as condições de trabalho, que podem assumir formas bastante desfavoráveis aos trabalhadores e à sua saúde. Buscar formas de garantir condições dignas de trabalho deve ser um compromisso dos profissionais das diversas áreas que guardam relação com a questão e da sociedade como um todo. O atendimento individual não responde esta demanda, pois seu campo de ação é outro: a assistência da pessoa em sofrimento que recorre ao ambulatório.

Cabe ao profissional de saúde que acolhe o paciente/trabalhador oferecer o melhor atendimento clínico possível no âmbito no qual se insere considerando essas questões. Para se oferecer um bom atendimento, é necessário pensar a respeito dos objetivos e das limitações do campo de ação que se tem na clínica ambulatorial, bem como das possíveis articulações da própria atuação com a de outras instituições.

3.

TRABALHO E ADOECIMENTO – CONSIDERAÇÕES A RESPEITO DO AFASTAMENTO DO TRABALHADOR DE SUAS ATIVIDADES

O trabalho é um aspecto central da vida das pessoas, sendo um dos fatores constituintes da identidade. A experiência de reconhecimento que o trabalho possibilita é da maior importância para a organização psicológica.

Segundo Codo (1998), o trabalho determina a vida da pessoa na medida em que novos significados são atribuídos à ação. Se, na ação vulgar, o sujeito se transforma ao transformar o objeto, no trabalho, o circuito se abre para o significado que não se limita à relação com o objeto. O homem, com o seu trabalho, transforma a si mesmo e ao ambiente em que atua, o que lhe atribui valor como agente produtivo e integrante de um processo. Ao perder essa possibilidade de participação, causada pela falta de trabalho ou pelo desemprego, parte do valor que lhe foi atribuído, por si mesmo e pela sociedade, deixa de existir (Souza e Faiman, 2007).

Para Bohoslavsky (1982), a identidade ocupacional é um aspecto da identidade do sujeito, "é a autopercepção, ao longo do tempo, em termos de papéis ocupacionais" (p. 55). Não deve ser considerada como algo definido e estável, é um processo que tem as mesmas leis e enfrenta as mesmas dificuldades da construção da identidade pessoal. Para esse autor, a identidade, ocupacional ou pessoal, deve ser entendida como "a contínua interação entre fatores internos e externos à pessoa" e existe sintonia entre a percepção social e a percepção de si mesmo quando há uma integração da identidade (p. 56).

Bohoslavsky coloca ainda que a identidade ocupacional passa a compor a forma como a pessoa vive, se relaciona com a família, com amigos, com colegas e como se insere nos grupos sociais. Suas relações influenciam na escolha de atividades de lazer ou culturais, hábitos cotidianos etc. Pode-se também dizer que determina como a pessoa é reconhecida socialmente, quais as suas "credenciais". A realização das tarefas envolvidas na atividade profissional também é permeada de significações pessoais. Freud (1930) desenvolve a ideia de que o trabalho oferece meios para a expressão sublimada de impulsos psíquicos, de forma que impulsos originariamente agressivos ou sexuais podem ser direcionados construtivamente na realização de tarefas socialmente valorizadas.

A passagem da economia psíquica subjetiva à dimensão coletiva se dá por meio do reconhecimento do trabalho (Gernet e Dejours, 2011). O reconhecimento conferido por outros ou pela comunidade é fundamental para a construção de sentido do trabalho. É por meio do reconhecimento que o sofrimento envolvido na superação das dificuldades passa a ter significado e pode, inclusive, atrelar-se ao prazer, na medida em que a engenhosidade empenhada na solução de problemas tenha frutificado em algo válido como uma contribuição. Gernet e Dejours recorrem ao conceito de alienação social postulado por Sigaut para explicar que, sem o reconhecimento do outro, o sujeito está condenado à solidão alienante, podendo duvidar de sua relação com o real ou cair na autorreferência e na megalomania (p. 64).

A identidade pode ser considerada como um processo em permanente construção, influenciado especialmente por duas vias: as conquistas no campo amoroso e aquelas no campo social. No campo social, o reconhecimento que a pessoa recebe em função de seu "saber-fazer" no trabalho pode ser incorporado à identidade, transformando-a (op.cit., p. 67).

Ao aplicar o conceito kleiniano de reparação à escolha profissional, Bohoslavsky revela a importância do trabalho como um campo de ação para impulsos construtivos de quem trabalha. Para este autor, a escolha de uma carreira seria a resposta do ego a chamados interiores de reparação de objetos internos danificados em fantasias inconscientes pela destrutividade do próprio sujeito. A destruição sobre a qual se fala aqui se refere a fantasias inconscientes, derivadas da agressividade naturalmente presente em cada indivíduo. O intuito de reparação dirige-se a objetos atacados em fantasia, mas dá margem a ações concretas construtivas, que podem ter como campo de ação a atividade profissional. Para Melanie Klein, as tensões entre os instintos de vida e de morte se expressam por meio da dinâmica que se estabelece na atuação dos impulsos destrutivos, agressivos e dos impulsos construtivos, isto é, reparatórios. De acordo com Hanna Segal (1955), autora kleiniana, o desejo de restaurar e de recriar é a base da sublimação e da atividade criadora, e seu exercício possibilita o desenvolvimento do sentido de realidade interior e, no seu rastro, o de realidade exterior, também. Assim, o exercício criativo desempenha importante função na construção psíquica do sujeito. Para esta autora, a criação artística tem como base o desejo de reparação.

Ao realizar uma atividade, cabe ao trabalhador uma parcela (variável) de criação. Mesmo em atividades que não sejam particularmente artísticas, o estilo pessoal e a apreciação estética podem se fazer presentes em alguma medida. Isto significa que o trabalho pode compor um cenário favorável para a atuação dos impulsos construtivos e para a ação criativa, da maior importância para o psiquismo.

De maneira análoga, mas na direção oposta, faz sentido pensar que o exercício por longo período de atividade repetitiva e monótona, em que não exista margem para a expressão pessoal, frustre necessidades psíquicas, podendo prejudicar o funcionamento mental normal, sendo, assim, nocivo. Segundo Dejours (1987)[1], esse tipo de situação de trabalho contribui

---

[1] Essa questão foi abordada no capítulo 2 deste livro, em que são apresentadas algumas das ideias de Dejours.

para que se instaure um modo de funcionamento mental empobrecido, do tipo operatório.

O trabalho pode ser um importante fator na promoção da saúde psíquica, mas pode, também, despertar intenso sofrimento e favorecer o adoecimento. Como campo em que se dão interações e no qual há exigências e conflitos, a experiência de trabalhar é rica em significados subjetivos com diversas e complexas repercussões.

Alguns dos aspectos do trabalho que podem despertar insatisfação ou sofrimento podem ser relacionados à natureza das tarefas a serem realizadas, às condições ambientais e operacionais ou, ainda, à forma como se organiza o trabalho. Dentre estes diversos fatores, podemos destacar as dificuldades relativas aos relacionamentos interpessoais (vertical e/ou horizontal na hierarquia), eventualmente relacionadas à competição, pressão por produtividade, frustração no que se refere a expectativas de reconhecimento e/ou de salário, sentir-se injustiçado ou desrespeitado, o enfrentamento de dificuldades próprias da tarefa, a falta de sentido da própria atividade, o medo do desemprego e/ou de não satisfazer às exigências da função assumida. Estes fatores podem fazer-se presentes de diferentes formas com repercussões diversas.

Um aspecto que tem grande peso para o sofrimento do trabalhador é sentir-se relegado, desconsiderado ou injustiçado. Pior do que enfrentar condições de trabalho ruins é perceber que as condições poderiam ser melhores e não o são porque não há interesse, preocupação ou cuidado de quem poderia fazer algo. Essa percepção é especialmente dolorosa, pois remete a uma penosidade injustificada, sem sentido, o que é vivido como agressão e humilhação. A qualidade do reconhecimento que o trabalhador experimenta em uma situação como essa é muito desfavorável, pois ele se sente tratado como alguém que não é digno ou merecedor de cuidados. Essa sensação frustra, desperta agressividade e desesperança. A agressividade contida, que não encontra vazão ou elaboração possível é nociva, incrementa o sofrimento e pode ser associada à propensão para o desenvolvimento de distúrbios variados, psíquicos ou somáticos, dependendo das características psicológicas de cada um. Em psicossomática, é conhecida a importância da agressividade no adoecimento e há autores (como Thalenberg, 1997 e Seligmann-Silva, 1994, p. 164) que verificaram seu papel no desencadeamento de um distúrbio específico, a hipertensão arterial.

O cotidiano de trabalho geralmente oferece, com maior ou menor frequência, situações passíveis de despertar sentimentos de revolta e agressividade em grau variável. Como ilustração, cito uma situação em que fatores da organização do trabalho mostram-se potencialmente propícios a despertar esses sentimentos: motoristas e cobradores de ônibus urbanos que, após experiências marcantes de assaltos, devem prosseguir trabalhando nas mesmas linhas e horários em que ocorreram as situações de violência, mantendo-se expostos a novas ocorrências, cometidas eventualmente pelo mesmo grupo de assaltantes. Essa situação incrementa o sentimento de vulnerabilidade e de revolta do trabalhador, que tende a sentir-se, além de exposto ao risco, desconsiderado pela empresa na medida em que esta não toma qualquer atitude para sua proteção.

As manifestações do sofrimento são variadas e podem ser influenciadas também por aspectos culturais e, conforme observam Brant e Minayo-Gomes (2004), as interpretações que essas manifestações recebem, de loucura, preguiça, doença etc., dependem de quem as diagnostica e da linguagem disponível e utilizada na época.

Alguma dose de sofrimento é inerente à vida; não existe ser humano que não experimente angústia. Na experiência pessoal, é da maior importância que se possa reconhecer o sofrimento e buscar formas de lidar com ele e, na medida do possível, com as situações que o originam. Algumas pessoas experimentam intenso sofrimento, por vezes despertado ou agravado pela experiência de trabalho, de forma que a continuidade das atividades pode ser percebida como algo impossível. O trabalho e as relações interpessoais por ele determinadas vêm sofrendo importantes transformações. Uma delas, apontada por Brant e Minayo-Gomez (2004), é o fato de o sofrimento e suas manifestações não terem mais espaço no campo das empresas. De acordo com esses autores, trabalhadores e gestores não sabem mais como lidar com manifestações de sofrimento na empresa e as práticas de manejo construídas pelos próprios trabalhadores deixaram de existir. Sem ação ou referencial, recorre-se logo à consulta médica e, em alguns casos, à hospitalização.

As manifestações de sofrimento por vezes são representadas "[...] como perturbação mental ou desequilíbrio, uma vez que a ordem médica já se encontra interiorizada" (p. 217). Os mesmos autores, em outro artigo (Brant e Minayo-Gomez, 2007), apontam o que consideram serem dispositivos institucionais que operam na transformação do sofrimento em adoecimento.

> O trabalhador, desamparado e sem elementos linguísticos necessários para formular sua real demanda, é encaminhado ao setor médico, que detém um discurso aparentemente capaz de nomear suas manifestações e de proporcionar soluções imediatas. Logo, o diagnóstico, medicação, licença médica e hospitalização, constituíram os primeiros dispositivos capazes de transformar a manifestação do sofrimento em adoecimento. Tais mecanismos, aparentemente, apaziguam por meio de explicações sobre o vivenciado, aliviam os sintomas, trazem a esperança da cura, oferecem uma resposta passageira ou recolhimento, repouso e cuidados intensivos. Remetem, ainda, a um aparato jurídico-institucional capaz de garantir amparo e benefícios até para a vida toda. Particularmente, nesse ínterim – entre a expressão do sofrimento nas relações de trabalho e a instituição previdenciária – encontra-se a construção da identidade de doente, a sustentação da enfermidade e o mascaramento do sofrimento como outros dispositivos da transformação em adoecimento. (p. 473)

O afastamento, ou seja, a situação de não-trabalho, apresenta-se como consequência natural no processo descrito. Ocorre que, para o adulto que vive em uma comunidade, o fato de não ter um trabalho pode também originar intenso sofrimento relacionado a sentimentos como humilhação, desvalia pessoal, inutilidade, e exclusão, além da perda de liberdade ocasionada pela diminuição ou ausência de renda própria. A impossibilidade de trabalhar pode ser vivida como uma importante experiência de fracasso. A falta de trabalho e a incerteza quanto à possibilidade de retorno às atividades, o que comumente se associa aos processos de adoecimento, têm se demonstrado como importante fator de sofrimento mental. Trata-se de uma condição que geralmente tem um impacto importante sobre a organização e o equilíbrio psíquicos.

Ao refletirem a respeito do desemprego, Pinheiro e Monteiro (2007) destacam importantes aspectos das repercussões sociais e psicológicas vividas por quem experimenta essa condição, equiparada à exclusão da sociedade. Elas observam que o desempregado perde todo o investimento e o reconhecimento social e subjetivo, uma vez que estes se sustentam no valor do trabalho como referência econômica, social, cultural e, principalmente, psicológica. Assim, os indivíduos desempregados passam a ser impedidos de uma vida dotada de algum sentido e enfrentam um processo de desvalorização social. As autoras concluem que se podem associar ao desemprego, como consequências, a desestruturação de laços sociais e afetivos, a restrição de direitos, a insegurança socioeconômica, a redução da autoestima, o sentimento de solidão e fracasso, o desenvolvimento de distúrbios mentais, bem como o aumento do consumo ou dependência de drogas. De outro ângulo, no entanto, pode-se perceber, na crise desencadeada pelo desemprego, um potencial transformador. Isto porque enfrentar o desemprego proporciona que os sujeitos olhem para si mesmos de uma forma que possibilita uma inusitada liberdade e autonomia frente ao futuro, para além dos limites da identidade de trabalhador. Assim, "[...] enfrentar o desemprego significa esvaziar-se, desapropriar-se, desalojar-se de si mesmo, abrir-se às desestabilizações. Destarte, o desemprego pode oportunizar uma reconstrução, propiciando possibilidades de ressignificação da vida e do trabalho" (Pinheiro e Monteiro, 2007, p. 42).

O trabalhador em afastamento, diferentemente do desempregado, geralmente mantém um vínculo empregatício; encontra-se afastado por não apresentar condições de reassumir o seu posto, mas mantém alguma ligação com seu antigo trabalho. Além disso, ele apresenta um prejuízo referente à sua saúde que reduz sua potencial empregabilidade. Estes dois fatores diferenciam essa condição daquela do desempregado. A situação de desemprego costuma repercutir de forma muito violenta no indivíduo. Ribeiro (2007) observa que ela pode provocar uma ruptura na história de vida comparável àquela causada pela ocorrência de um surto psicótico. Seligmann-Silva (1999) escreve a respeito dos graves efeitos deletérios que o desemprego de longa duração pode ter. A manutenção do vínculo empregatício presente na experiência de afastamento por adoecimento representa uma garantia importante ao trabalhador, evitando que ele se encontre em situação de total desamparo. No entanto, na medida em que a manutenção de um emprego no qual pode não ser mais possível trabalhar é vivida como imperativa, estabelece-se uma situação de difícil resolução.

Enquanto o desempregado precisa lançar-se em busca de novos rumos e não tem nada a perder, o trabalhador afastado mantém-se preso ao INSS pela renovação do reconhecimento de seu adoecimento e à antiga empresa, independentemente das dificuldades experimentadas. A segurança (necessária) da manutenção do vínculo empregatício e o auxílio do INSS (também necessário) a que o trabalhador tem direito têm como contraponto o fato de serem fatores de uma situação que tende a perpetuar o adoecimento, na qual o trabalhador permanece atado.

O retorno ao trabalho após afastamento geralmente é uma experiência bastante complexa, especialmente quando o desencadeamento do adoecimento relaciona-se ao trabalho. A reinserção remete o trabalhador às dificuldades vividas no âmbito do trabalho, que podem estar relacionadas às causas do afastamento, acrescidas das perdas decorrentes do processo de adoecimento e da incerteza quanto ao retorno, à receptividade da empresa e às próprias capacidades. Muitos autores entendem que a doença ocupacional e o acidente de trabalho carregam consigo mensagens que denunciam as condições de trabalho vigentes, simbolizando as tensões do jogo de forças entre empregados e empregadores: "É como se o indivíduo carregasse sem saber a bandeira de insatisfações que é de todos" (Durand, 2000, p. 39). Quando o prejuízo à saúde que causa o afastamento pode ser relacionado ao trabalho, é comum, portanto, que os trabalhadores adoecidos gerem um desconforto no ambiente de trabalho, despertem desconfiança, principalmente da parte da chefia, quanto à veracidade ou não da doença, bem como por parte dos colegas que podem ficar com raiva, ou mesmo com inveja dos afastados, percebendo no afastamento uma condição de regalia. Além disso, existem alguns casos em que o retorno à antiga função é contraindicado ou até mesmo impossibilitado pela natureza da atividade ou de suas condições ambientais, que podem exigir do trabalhador habilidades e condições específicas que se encontram prejudicadas.

Muitas vezes, portanto, ocorre de o trabalhador não se sentir apto para retornar à sua atividade anterior, o que não significa que ele se encontre incapacitado para desempenhar atividades de trabalho de uma maneira geral. Essa situação é bastante frequente e está prevista na legislação que determina a realocação do funcionário para atividades compatíveis com suas novas possibilidades e limitações. De acordo com a legislação (CLT), não pode haver redução de salário para o funcionário realocado e, caso a etiologia do adoecimento seja ocupacional, o funcionário deve ter estabilidade de doze meses no emprego após o seu retorno do afastamento. A realidade dos atendimentos ambulatoriais tem mostrado a precariedade na aplicação das medidas previstas. Dependendo do ramo de atividade e da empresa, a realocação pode ser muito difícil ou mesmo impossível. Ocorre de não existirem funções vagas compatíveis com as limitações adquiridas ou de, mesmo em outra função, o trabalhador não experimentar alívio do que lhe era demandado. Além disso, o trabalhador que retorna do afastamento com alguma limitação provavelmente produzirá menos ou exercerá atividade menos valorizada na empresa, não obstante a obrigatoriedade da manutenção do valor do salário, o que significa maior custo para o empregador. A assimetria em relação aos eventuais colegas de função e a humilhação pelo possível rebaixamento podem contribuir para o incômodo e para a incerteza relacionados ao retorno ao trabalho.

Para o trabalhador que sente que não suportaria voltar às funções anteriores, o risco de ver-se sem trabalho e sem o benefício do INSS alimenta um vínculo de dependência baseado na doença, colaborando para perpetuá-la, uma vez que as necessidades básicas de sobrevivência, que podem ser supridas pelo benefício do INSS, representam, naturalmente, um forte apelo. Uma vez que a lógica da produtividade rege as decisões das empresas, os temores do trabalhador, que passou a ter restrições no desempenho de suas funções, quanto à estabilidade de seu emprego e seu futuro ao retornar de afastamento têm fundamento na realidade concreta social.

Se, de fato, as condições de trabalho são muito adversas para aquele trabalhador, não há psicoterapia que colabore para o seu restabelecimento, se este for entendido como voltar a ter condições para desempenhar o trabalho anterior (e, geralmente, na realidade atual, não existem oportunidades outras que confiram alguma estabilidade ao trabalhador que retorna de seu afastamento). Não estar apto a suportar condições de trabalho que cotidianamente ofereçam riscos à própria integridade e à vida, ou que sejam vividas como aversivas, não deveria significar doença. No entanto, apenas por meio do adoecimento, e do reconhecimento deste, é que muitos dos trabalhadores são afastados de suas funções. A impossibilidade (psíquica, mas respaldada na realidade concreta) de desvencilhar-se do emprego e ir à busca de outro trabalho exerce forte pressão para que o trabalhador tente suportar a função na qual se encontra. Por mais que se sofra, geralmente, não se considera como possibilidade sair do emprego, e, nisso, as necessidades relacionadas ao sustento de si e do núcleo familiar dificilmente podem ser superestimadas.

Caso o trabalhador seja demitido sem que se configure *justa causa*[2], além de fazer jus ao seguro desemprego, de acordo com a CLT, a empresa deve pagar a ele um mês a mais de salário (aviso prévio), o valor correspondente às suas férias vencidas, ao décimo terceiro salário e quarenta por cento do valor recolhido para o FGTS[3] ao longo do período em que esteve no

---

[2] Situação prevista na lei em que, em função de faltas cometidas, o funcionário perde direitos e garantias referentes à manutenção de seu emprego.

[3] Fundo de garantia por tempo de serviço. De acordo com a CLT, o empregador deposita um valor referente a 8% do salário bruto do funcionário para seu FGTS.

emprego[4]. O trabalhador que deixa o emprego por iniciativa própria não recebe esses valores. Disso resulta que, para a empresa, é oneroso demitir um trabalhador, a não ser que se alegue *justa causa*. Quanto mais extenso tiver sido o período de emprego, maior a quantia paga pela empresa ao funcionário. Para o trabalhador que sai da empresa, em termos financeiros, ser demitido é sempre bem melhor do que pedir demissão.

Considerando a fragilidade em que se encontra uma pessoa que venha a perder seu emprego, garantias previstas na lei para quem esteja nessa situação devem existir e são plenamente justificáveis. No entanto, essa consideração não deve impedir a observação de alguns efeitos que a legislação acaba determinando em função de distorções que podem se instalar na relação empregado-empregador. O dinheiro implicado no processo de demissão faz com que tanto trabalhador como empresa evitem ter a iniciativa da demissão, mesmo quando o vínculo empregatício não lhes interessa mais. Isso, por vezes, dá margem à busca de acordos que não têm amparo legal ou a atuações (perversas, uma vez que visam à manipulação) que

---

[4] Instrução Normativa nº 2, de 12/03/92:

"Art. 8º - Na ocorrência de despedida arbitrária ou sem justa causa, além das parcelas salariais devidas, o empregado receberá:

I - as parcelas porventura não recolhidas do FGTS;

II - indenização igual a 40% sobre o montante dos depósitos efetuados ao FGTS, ou pagos diretamente ao empregado (item I, supra), acrescidos da correção monetária e dos juros capitalizados;

III - a indenização referente ao período anterior ao regime do FGTS em conformidade com as hipóteses previstas nos arts. 478, 479 e 498 da CLT, bem como no art. 51 da Lei nº 8.213, de 24/07/91.

objetivam o rompimento do vínculo da forma financeiramente mais interessante. Do lado da empresa, isso pode contribuir para que se criem situações de desconforto para o trabalhador ou até, em alguns casos, que se busquem quaisquer argumentos para repreensões que venham a justificar uma demissão por *justa causa*. Esse tipo de situação pode ter efeitos nefastos para a saúde do trabalhador. O funcionário que deseja sair do emprego também pode atuar de forma desfavorável ao andamento das atividades, objetivando que a empresa venha a demiti-lo pagando todo o montante previsto na legislação. A tensão que assim se instala nas relações entre trabalhador e empresa é mais um fator de sofrimento, contribuindo para o adoecimento do trabalhador e para os pedidos de afastamento com os benefícios da Seguridade Social.

A situação de afastamento, pelo ócio imposto – pois, se a pessoa exerce, no período, alguma outra atividade, isso é tomado como prova de que está apta ao trabalho e, portanto, não faz jus ao benefício do INSS – na maioria dos casos tem

---

Parágrafo único - Caso o empregado tenha efetuado saque na conta vinculada, o percentual de 40%¨a que se refere o inciso II incidirá sobre o total corrigido da conta, como se saque algum tivesse ocorrido." Fonte: http://www.sato.adm.br/guiadp/paginas/resc_multa_de_40_fgts_fund.htm.

"Art. 477. É assegurado a todo empregado, não existindo prazo estipulado para a terminação do respectivo contrato, e quando não haja ele dado motivo para cessação das relações de trabalho, o direito de haver do empregador uma indenização, paga na base da maior remuneração que tenha percebido na mesma empresa.

Art. 478. A indenização devida pela rescisão de contrato por prazo indeterminado será de l (um) mês de remuneração por ano de serviço efetivo, ou por ano e fração igual ou superior a 6 (seis) meses." Fonte: CLT – Consolidação das leis do trabalho - Brasil. Título II. http://www.jurisite.com.br/clt_atualizada/04.html.

se mostrado extremamente nociva para a saúde mental. Na situação de afastamento, perdem-se muitos dos referenciais identitários, e as próprias capacidades passam a ser colocadas em dúvida. Muitos dos pacientes sofrem com essa condição e se beneficiariam caso conseguissem reinserção no mercado. Desejam trabalhar, mas lutam pelo prolongamento do benefício por não se encontrarem aptos a retornar às suas funções. A dependência dos benefícios previdenciários, o receio de não mais suportar antigas condições de trabalho, a rotina de atendimentos e o discurso médico, que reforça a equivalência entre sofrimento mental e doença, concorrem para a cronificação dos sintomas e para a cristalização de uma identidade de trabalhador afastado, associada ao ser doente.

O diagnóstico médico, caso reconhecido pelo INSS como causa suficiente para o afastamento, liberta, temporariamente, da penosidade do trabalho. Teoricamente, o afastamento é o período em que o trabalhador deve se tratar para poder recuperar a saúde e retornar às suas atividades. Mas a questão que se deve colocar é: que "sanidade" confere a aptidão para retornar a uma situação de trabalho que pode ser vivida como muito adversa?

O trabalho clínico em ambulatório de saúde do trabalhador visa à saúde do paciente, auxiliando na mobilização de recursos internos e no desenvolvimento de potencialidades, podendo contribuir na maneira como o indivíduo lida com a sua situação e como se posiciona frente à realidade do trabalho. No entanto, levando-se em conta a forma como se articulam os diversos fatores que compõem a situação de adoecimento/ afastamento do trabalhador, o alcance da psicoterapia é limitado. A diminuição e o manejo do sofrimento relacionado ao trabalho demandam medidas que extrapolam o âmbito da saúde e da individualidade. Além disso, como bem observam Ramos, Tittoni e Nardi (2008), a necessidade colocada pela legislação brasileira de que o trabalhador comprove sua incapacidade para o trabalho e o vínculo entre o adoecimento e a sua atividade profissional para fazer jus aos benefícios específicos faz com que, no modo de produção capitalista, a confissão do adoecimento e de seus efeitos seja mais valorizada do que a busca de formas de superação da situação (p. 212). E essa lógica contrapõe-se ao intuito de intervenções terapêuticas, determinando um contexto desfavorável para sua evolução.

4.

Dificuldades na delimitação da função de psicoterapeuta em um ambulatório de saúde do trabalhador

Embora teoricamente possa parecer simples distinguir a função do clínico da função do perito, as situações que se apresentam em um serviço médico em que se emitem relatórios utilizados nas perícias do INSS trazem importantes questões a este respeito. A equipe de saúde é chamada a se posicionar quanto às condições de saúde do paciente para retornar ao trabalho e, muitas vezes, quanto ao eventual nexo causal entre trabalho e adoecimento. Ao responder a essa demanda, o profissional emite um julgamento, ato que caracteriza a função pericial. Para além das possibilidades diagnósticas e suas repercussões na adoção de medidas terapêuticas, o julgamento em questão servirá eventualmente como embasamento para a decisão do perito do INSS a respeito do futuro daquele paciente: se ele vai ou não receber auxílio financeiro do INSS, se deve buscar retomar as atividades profissionais ou não.

As consequências do envolvimento do clínico na função pericial não são óbvias. A mais imediata é a interferência na relação do profissional de saúde com seu paciente: no caso de o profissional crer que o paciente não tenha condições de trabalhar, ele pode assumir uma postura na qual advoga em prol do (eventual) interesse do paciente de conseguir obter ou de prolongar um afastamento, que, por sua vez, poderá tender a acentuar a gravidade dos sintomas (mesmo que nem sempre conscientemente) na medida em que se encontre temeroso de não receber ou de vir a perder o benefício do INSS; e, no caso de discordância entre o ponto de vista do profissional e os interesses do paciente, pode-se instaurar na relação uma desconfiança que interfere no atendimento.

O cotidiano de atendimento do psicoterapeuta nesse contexto traz questões que demandam reflexão. Para a discussão que desejo desenvolver neste capítulo, utilizarei algumas situações clínicas que auxiliarão na exposição do contexto em discussão.

Um motorista de ônibus urbano, afastado de seu trabalho há cerca de um ano, recebe alta do INSS, mas o médico da empresa, em uma primeira avaliação, não o considera apto a retornar às suas antigas atividades. Esse paciente tem um DORT (distúrbio osteomuscular relacionado ao trabalho) que faz com que tenha crises de dor muito intensa impedindo que prossiga dirigindo. Sem poder trabalhar e sem contar com o benefício acidentário, o paciente se encontra em uma situação precária e, para ele, humilhante, pois depende da ajuda de terceiros para sobreviver. Seu sofrimento mental é intenso e sua angústia o impele a envolver-se em situações desfavoráveis, gerando um círculo vicioso no qual seu bem-estar, seus vínculos sociais e sua saúde parecem deteriorar-se.

Considerando a própria situação insustentável, o paciente pensa em tentar voltar ao trabalho, pensa que talvez possa suportar suas atividades profissionais. Para isso, agendaria uma nova avaliação na qual omitiria ao médico da empresa informações a respeito de suas dores e provavelmente seria considerado apto. No entanto, ele se apavora com essa possibilidade, com medo de não ter condições de trabalhar de forma segura. Na proximidade de uma nova perícia, na qual poderia ou não ter sua necessidade de afastamento reconhecida pelo INSS, o paciente se desespera com a possibilidade de ter, mais uma vez, seu benefício negado.

Na psicoterapia, o paciente fala que não tem condições de voltar a trabalhar, que pode ter crises de dores que o imobilizem na atividade (fato que já lhe ocorreu antes), explica que se vê como muito explosivo e impulsivo. Relata situações em que teve reações impulsivas, desencadeadas por situações em que se viu contrariado, que são indesejáveis a um motorista, por colocarem outras pessoas em risco. Narra acidentes nos quais esteve de alguma forma envolvido, que, no seu entendimento, parecem confirmar que ele não é confiável e que sua atividade é muito perigosa. Parece sentir que é um risco para os outros e, consequentemente, para si. Mostra-se apavorado com a perspectiva de vir a causar algum acidente.

O psicoterapeuta, mobilizado pela fragilidade e pelo medo expressos pelo paciente, pode considerar, inicialmente, que ele não pode retomar o seu trabalho, e pensa em fazer algo que contribua no sentido de seu paciente conseguir que o INSS o mantenha afastado.

Ocorre que este julgamento, da incapacidade atual do paciente é, sem dúvida, feito a partir de uma percepção da situação que se dá por um prisma no qual se mesclam aspectos de diversas ordens. No momento, o paciente parece estar com muito medo e, aparentemente, ele próprio não se vê capaz para a função. Como aferir o progresso de seu quadro? Como saber o quanto seus sintomas podem determinar, ou não, incapacidade para seu trabalho? Alguns pacientes nos sensibilizam mais, outros menos. Mas será esse critério suficientemente consistente para definir o afastamento?

Além dessas questões, cabe analisar alguns dos possíveis desdobramentos de atitudes que o psicoterapeuta poderia assumir a partir deste tipo de julgamento.

Numa primeira hipótese, ele mostraria estar de acordo com as ideias de incapacidade do paciente, dispondo-se (explícita ou implicitamente) a ajudá-lo a obter o que fosse necessário para o afastamento. Disso poderia resultar um pedido de relatório do paciente para o psicólogo ou mesmo uma ação espontânea deste no sentido de interceder junto ao médico para que ele fizesse um relatório mais contundente. O paciente poderia interpretar a situação como uma comprovação do fato de que está realmente mal, que não pode mesmo trabalhar e que só lhe resta a esperança do benefício do INSS e o ócio imposto pelo seu estado de doente.

Ainda na hipótese de o psicólogo manifestar entendimento favorável à condição de afastamento do paciente e, considerando a natural ambivalência que este possa vivenciar em relação à questão, dada a sua complexidade, o fato de o psicólogo "abraçar" a causa do afastamento pode fazer com que o paciente veja nele um aliado e se vincule à psicoterapia não com o intuito de desenvolver-se, mas, sim, para prosseguir reafirmando sua doença e sua "boa disposição" para com o tratamento. Ou, ainda, em alguns casos, o paciente pode vir a se sentir culpado na medida em que percepções e sentimentos conflitantes ao interesse do afastamento são sumariamente omitidos na psicoterapia.

Em oposição à primeira hipótese, a segunda possível atitude do psicoterapeuta poderia caminhar na direção de atribuir a incapacidade e a gravidade dos distúrbios relatados à fantasia ou ao desejo de conseguir o benefício do INSS, ou, ainda, considerar que, para este paciente, seja melhor retornar à atividade do que permanecer ocioso, insatisfeito consigo e com sua vida, envolvendo-se constantemente em brigas. Essa segunda possibilidade poderia impeli-lo a minimizar os problemas de saúde do paciente e a apoiar uma eventual tendência a uma atuação (maníaca) de negação dos seus limites. Ou, ainda, poderia fazer com que o paciente se sentisse não compreendido e abandonado no seu sofrimento. Nessas situações, o trabalho de psicoterapia fica prejudicado, ou mesmo impedido.

Para a atuação neste tipo de situação é necessário ter clareza da função que se exerce no atendimento. Não deve ser responsabilidade do psicoterapeuta a verificação das condições que o paciente tem ou deixa de ter para voltar ao trabalho. Isso significa que não cabe a ele facilitar ou dificultar os eventuais intentos de seu paciente para conseguir o afastamento, sejam eles movidos por quaisquer razões. Para que o vínculo seja favorável à psicoterapia, é necessário que o paciente possa sentir-se livre para expressar suas oscilações e suas dúvidas a respeito de seus posicionamentos. Para isso, é necessário que ele perceba a pessoa que o atende como isenta da atribuição de decidir a respeito dos benefícios previdenciários e que se assegure que o que é dito nas sessões não interferirá nas referidas decisões. Portanto, não seria recomendável que o psicoterapeuta assumisse a função de advogar pela causa do afastamento, sob pena de desviar-se de sua função e prejudicar o seu atendimento.

No atendimento em ambulatórios de saúde do trabalhador, os profissionais são solicitados a formular diagnósticos que contribuam com o trabalho do perito (do INSS), geralmente dando elementos que fundamentem o pedido de afastamento e o eventual nexo causal. Ocorre que o diagnóstico e o conteúdo dos relatórios acabam sendo pautados pelo julgamento do profissional a respeito da necessidade (ou não) do paciente receber benefícios do INSS. Os relatórios médicos (que serão apresentados aos peritos do INSS) muitas vezes acabam sendo solicitações de afastamento, ou seja, de concessão de benefícios aos pacientes.

A emissão de julgamento a respeito da capacidade laboral pode entrar em conflito com o objetivo do tratamento, especialmente no que se refere à psicoterapia.

Cabe ao psicólogo acompanhar, buscar elucidar, com e para o paciente, as suas motivações e abster-se de julgamentos, principalmente os de cunho moral, a respeito das escolhas e das possibilidades daqueles a quem oferece a sua escuta.

O posicionamento assumido pelo psicoterapeuta pautará a sua comunicação com os outros profissionais da equipe de saúde (anotações em prontuário, discussões clínicas) e as decisões a respeito do que deve, ou não, ser mantido em sigilo a respeito do paciente. Este aspecto é o tema do próximo capítulo.

5.

O REGISTRO DE INFORMAÇÕES EM PRONTUÁRIO EM AMBULATÓRIO DE SAÚDE DO TRABALHADOR: ALGUMAS QUESTÕES

O intuito deste capítulo é fazer um estudo a respeito de algumas questões que podem ser levantadas no que diz respeito às anotações realizadas nos prontuários de pacientes atendidos por diferentes profissionais em instituições de saúde, e, mais especificamente, em um serviço de saúde do trabalhador.

Prontuário é o documento no qual são registradas informações a respeito do paciente (anamnese, queixa, hipóteses diagnósticas) e dos atendimentos realizados, o que inclui procedimentos, condutas prescritas, exames com seus resultados etc. O prontuário é um registro histórico que tem como função permitir uma compreensão do desenvolvimento do processo saúde/doença levando em conta as intervenções realizadas, o que possibilita a avaliação dos efeitos das mesmas.

De acordo com Massad, Marin e Azevedo Neto (2003), o uso de prontuários foi iniciado por um grupo de clínicos da clínica Mayo, em Minesota, EUA. A clínica Mayo foi criada em 1880 e em 1907 sua equipe observou que, àquela época, cada médico fazia registros de seus atendimentos de acordo com a sucessão cronológica em que ocorriam. Surgiu a ideia de se fazerem registros individuais separados para cada paciente, com o intuito de poder acompanhar melhor a evolução individual. Em 1920, num esforço de padronização das informações, na mesma clínica, estabeleceu-se uma lista das informações que deveriam constar nos prontuários, dando origem aos documentos que vêm sendo utilizados desde então.

Até recentemente, nas instituições de saúde, este documento era chamado de prontuário médico, cabendo, em alguns casos, exclusivamente a esse profissional a realização de registros e o acesso às informações. Com as mudanças que foram ocorrendo no que se refere à estruturação das equipes de saúde, o prontuário passou a ser um importante instrumento de comunicação entre os profissionais, contendo os registros dos diversos tipos de atendimento realizados.

Ocorreram algumas mudanças nas concepções e na legislação referente ao assunto, considerando-se, hoje, que o prontuário é do paciente, e este pode ter acesso às informações nele contidas, caso o deseje. Dada a importância das consequências possíveis no que diz respeito ao cuidado à saúde, o prontuário assumiu um papel da maior importância como documento comprobatório em casos de contenda judicial.

A implantação de sistemas digitais de informação tem ampliado as possibilidades de uso dos prontuários, tanto no que diz respeito à clínica como à pesquisa. O chamado Prontuário

Eletrônico do Paciente (PEP) tem sido também tema de muitos trabalhos que buscam seu aprimoramento técnico e/ou que tratam de questões éticas, relacionadas ao registro, ao acesso e ao sigilo dos dados, que se colocam a partir das possibilidades abertas pela digitalização das informações.

Hoje em dia, o atendimento público à saúde, no Brasil, é regido pelo Sistema Único de Saúde (SUS) e existe um esforço no sentido da criação e da difusão de padrões específicos de atendimento e da criação de uma rede articulada que inclua as diversas instituições que prestam atendimento à população.

No contexto das ideias que regem o SUS, foi desenvolvido o Programa Nacional de Humanização. Um dos frutos desta iniciativa é uma coleção de cartilhas educativas que tem como intuito nortear aspectos relativos ao atendimento, ao registro de dados, dos direitos do usuário da Saúde entre outros. A cartilha *Prontuário Transdisciplinar e Projeto Terapêutico* (Ministério da Saúde, 2004) elenca o que propõe como as funções do prontuário da seguinte forma:

> O Prontuário Transdisciplinar tem como objetivo: padronizar a maneira de fazer o registro e organizá-lo a partir de problemas e necessidades relevantes do usuário, identificado por equipe multiprofissional, de modo objetivo nos três campos de ação: biológico, psicológico e sociocultural; melhorar a comunicação e a integração entre os vários profissionais que assistem aos usuários, estimulando a transdisciplinaridade para conseguir melhores resultados

> terapêuticos, aumento da satisfação de pacientes e familiares, assim como da equipe de saúde; valorizar o prontuário do paciente perante os profissionais de saúde; estimular a constituição de equipes de referência que perpassem os profissionais de saúde, as equipes e os usuários, de forma que amplie o compromisso dos profissionais com a produção de saúde e que favoreça a troca de informações e a elaboração do Projeto Terapêutico; facilitar a realização de relatórios, resumos de alta, processamento de dados, análise e auditoria pelas Comissões de Prontuário, Óbito e Ética. (p. 7 e 8)

E considera que...

> [...] O Prontuário Transdisciplinar na saúde estimula e fortalece o trabalho em equipe e o diálogo entre os profissionais, favorecendo troca de conhecimentos, inclusive com os doentes e familiares. Contribui também para a produção de vínculos e para o fortalecimento do sentido de grupo (fomento da grupalidade), que visa a sustentar as construções que foram elaboradas coletivamente, além de estimular o empenho no trabalho (fomento do protagonismo). (p. 6)

Assim, todos os atos, diagnósticos, condutas, indicações etc. a respeito do paciente atendido em instituição de saúde devem ser registrados em prontuário.

O Código de Ética Profissional do Psicólogo, produzido pelo Conselho Federal de Psicologia, estipula que "nos documentos que embasam atividades em equipe multidisciplinar, o psicólogo registrará apenas as informações necessárias para o cumprimento dos objetivos do trabalho" (CFP, 2005. art. 12). Esta recomendação traz de forma implícita o cuidado que se deve ter na garantia do sigilo a ser guardado no que diz respeito ao que é comunicado ao psicólogo em atendimento.

A forma e o conteúdo dessas anotações trazem algumas questões que demandam reflexão. Os diferentes profissionais podem ter formas muito diversas de compreender o que se passa com seus clientes. Essas diferentes visões podem se conjugar colaborando para a formulação de diagnósticos mais apurados. No entanto, podem também se transformar em um empecilho para a integração do atendimento, uma vez que cada profissional formula uma ideia diferente do mesmo. A linguagem empregada pode, por vezes, transmitir uma sensação de entendimento mútuo enganosa, uma vez que podem ocorrer diferenças na interpretação de alguns termos, além do eventual uso de uma linguagem específica de uma ou outra categoria profissional ("jargões").

A determinação de que cada profissional, após a consulta, registre o código que identifica o distúrbio de seu paciente segundo a CID-10 (Classificação Estatística Internacional de Doenças e Problemas Relacionados à Saúde – décima revisão) visa a uniformizar a compreensão e a tornar mais objetivas as intervenções. As categorias definidas na CID são pautadas na presença de sintomas e encontra-se facilmente um ou mais códigos (CIDs) que definam cada conjunto de manifestações.

No que se refere à saúde mental, o uso da CID tende a ser restritivo no sentido do estabelecimento de rótulos que não têm como levar em conta a dinâmica psíquica particular de cada paciente. Além disso, em muitos casos, conferir o diagnóstico conforme a CID significa atribuir o status de doença, de forma acrítica, a aspectos relacionados ao funcionamento e ao sofrimento psíquico. Brant e Minayo-Gomez (2005; 2007), em dois artigos distintos, expõem muito bem o movimento pelo qual o sofrimento no trabalho tende a ser caracterizado como doença, geralmente passível de medicação, contribuindo para a construção da "identidade de trabalhador-doente". Para esses autores, o movimento descrito impede a análise crítica da contribuição das condições de trabalho para o sofrimento e responsabiliza o trabalhador pela sua condição, identificada como doença.

Outra repercussão, bastante séria no que diz respeito à atribuição de códigos de doença nos atendimentos à saúde do trabalhador, refere-se à atual forma, instituída pelo INSS, para o reconhecimento do nexo causal entre a doença e a atividade profissional desenvolvida. Para fins de benefícios de seguridade social, é da maior importância que os peritos do INSS estabeleçam diagnósticos precisos das condições de saúde do trabalhador, do eventual prejuízo das capacidades requeridas para o desempenho de suas funções e da existência, ou não, de relação de causa e efeito entre o trabalho desenvolvido e a presença da doença. Ocorre que em muitos casos essa tarefa é dificílima, ou até impossível, especialmente no que se refere à saúde mental. A fim de contar com instrumentos estatísticos que auxiliem no reconhecimento do risco oferecido por cada profissão e facilitar o estabelecimento do nexo causal, o INSS, há alguns anos, acumula dados de quais são os CIDs (códigos) mais frequentemente apresentados nos relatórios médicos de trabalhadores para cada ramo profissional e para cada empresa – os serviços de saúde fornecem relatórios que os pacientes levam às consultas do INSS. Esses relatórios são pautados nas informações dos prontuários e devem indicar os diagnósticos atribuídos de acordo com a CID (CREMESP, 2005). O nexo causal entre o distúrbio e o trabalho passa a ser feito automaticamente, caso o perito do INSS concorde com o CID conferido ao paciente no relatório médico e este seja um daqueles estatisticamente verificados como frequentes ou típicos daquele ramo de atividade. Trata-se do "Nexo Técnico Epidemiológico", que está em vigor desde 2007.

Essa alteração objetiva a auxiliar os trabalhadores na obtenção de reconhecimento de nexo causal, uma vez que inverte o ônus da prova. Isto é, se antes o trabalhador tinha que buscar provas de que seu trabalho constituiu-se em fator para o adoecimento, agora, nos casos em que o CID apresentado estiver estatisticamente relacionado à atividade laboral, o nexo é automaticamente estabelecido, e cabe ao empregador buscar provas do contrário, se for o caso.

A norma estabelecida pelo INSS parte do pressuposto de que a cada causa possam corresponder efeitos específicos. No entanto, como bem apontou Freud, podemos considerar que experimentar dificuldades, vividas como extremas, frente às quais os recursos de elaboração da pessoa são insuficientes, seja um forte fator para o adoecimento, que pode tomar diferentes formas, de acordo com a constituição e com as características próprias do desenvolvimento psíquico de cada um. Freud ilustra brilhantemente essa ideia ao lembrar que um cristal atirado ao chão não se romperá arbitrariamente, mas, sim, de acordo com as precisas linhas presentes na sua constituição. Essas linhas não são visíveis enquanto o cristal permanece intacto. No entanto, são presentes e determinam os pontos de maior fragilidade (Freud, 1932). Deve-se também lembrar que o impacto emocional de um mesmo tipo de situação pode ser muito diferente para diferentes pessoas.

Isto significa que os caminhos pelos quais aspectos relacionados ao trabalho participam na determinação da forma de adoecimento são indiretos, mediados por fatores diversos. E, assim, as relações causais estabelecidas em linha direta, em função do diagnóstico atribuído, são sujeitas a erros.

Para ilustrar a reflexão a respeito de algumas das questões envolvidas nas anotações em prontuários serão descritas algumas situações clínicas criadas a partir da experiência de atendimento de pacientes do ambulatório de saúde ocupacional. Nestas vinhetas, é dada atenção à possível relação entre experiências do âmbito profissional e o distúrbio apresentado de forma a chamar a atenção para a sua complexidade.

Imagine-se um paciente que exerça sua profissão há anos e que, depois de ser vítima de sucessivos assaltos no trabalho, começasse a queixar-se de ansiedade, parecesse desanimado e não conseguisse mais trabalhar. Encaminhado para a psicoterapia, em uma entrevista inicial, teriam destaque no relato as experiências de violência vividas nos assaltos. O medo e os sentimentos de impotência mostrar-se-iam aspectos importantes, especialmente levando-se em conta que seguir trabalhando significaria continuar exposto a novos assaltos.

Nas sessões da psicoterapia que se segue, no entanto, as questões diretamente relacionadas ao trabalho praticamente não são mais mencionadas. O assunto passa a ser outro, por exemplo, o ciúme que o paciente teria da esposa. Ele não conseguiria pensar em outra coisa. Relataria que passa o tempo a imaginar que está sendo traído. A intensidade emocional com que viveria as fantasias consumiria toda sua energia, prejudicando seu envolvimento em qualquer atividade e levando-o à exaustão.

A fase em que o paciente não consegue mais trabalhar em função da repercussão da intensificação das fantasias de estar sendo traído e do sofrimento atrelado a elas teria início pouco depois de uma série de assaltos sofridos no trabalho.

Vieira (2005), retomando conceitos freudianos, observa que o trauma mobiliza uma grande quantidade de energia (excitação) que inunda o psiquismo e que é expressa como angústia traumática, sem representações associadas a ela. Dos estímulos internos, não há como se defender ou escapar, então, para poder lidar com a situação, existe uma tendência a atribuir o estímulo responsável pela mobilização emocional ao meio externo. Projeção é o mecanismo mental que opera essa mudança e que subsidia as ideias paranoides.

Numa análise mais imediata, a única ligação que aparece entre seu mal-estar e as situações vividas no trabalho é temporal. Após supostamente sofrer traumas, emerge uma situação de sofrimento psíquico antes desconhecida para o paciente. No entanto, é possível levantar a hipótese de que as experiências de ameaça e de desamparo, vividas no confronto com assaltantes armados, possam ter contribuído para a ativação de intensa angústia, favorecendo a ação do mecanismo de projeção e o reinvestimento emocional de conflitos primitivos, o que, no caso, resultou nas fantasias de estar sendo traído.

Uma análise mais detalhada certamente contribuirá para esclarecer aspectos do funcionamento psíquico do paciente, mas não necessariamente responderá à questão sobre o eventual nexo causal entre as experiências do trabalho e o desencadeamento de seu transtorno.

Outro ponto a ser considerado refere-se ao CID a ser atribuído. Quadros como este geralmente recebem dos médicos o diagnóstico de depressão, pelas características das dificuldades que os pacientes passam a ter no cotidiano, ou de transtorno de estresse pós-traumático, quando se dá ênfase à experiência vivida no trabalho. Não se trata, no meu entendimento, de uma depressão; o enquadramento como "estresse pós-traumático" parece adequado do ponto de vista do desencadeamento do processo, mas diz pouco a respeito do funcionamento mental do paciente. O código que descreve sintomas de forma mais próxima ao que o paciente apresenta é aquele em que, dentre os "transtornos específicos de personalidade", consta a "personalidade paranoica". Ocorre que um diagnóstico de personalidade paranoica desfavorece o estabelecimento de nexo causal entre trabalho e adoecimento. Nas estatísticas do INSS, e no senso comum, o trabalho pode desencadear principalmente depressões, quadros pós-traumáticos ou intoxicações. Outros distúrbios psíquicos não são geralmente associados ao âmbito ocupacional. A vinculação que se faz de quadros de distúrbios mentais com as questões do trabalho é geralmente simplificada na medida em que os diagnósticos são baseados majoritariamente em sintomas, sem que se atente a uma compreensão da dinâmica psíquica. Sintomas depressivos e elevação de ansiedade podem apresentar-se em pessoas com características psicológicas diferentes.

Além disso, o uso de uma classificação como "personalidade paranoica" provavelmente despertaria, em quem lesse o prontuário, uma ideia distorcida a respeito do paciente, conferindo ao seu atual sofrimento um estigma de doença psiquiátrica que pode eventualmente ser mal-interpretado. Por outro lado, um registro descritivo, em que se relatassem as preocupações, as ações e em que se explicitassem os recursos psíquicos do paciente poderia expô-lo de forma indevida, desrespeitando o sigilo que pauta a relação de confiança do atendimento.

Um caso semelhante seria o de um paciente que apresentasse um quadro de neurose obsessiva e que relatasse um contexto de trabalho precário e injusto. Podemos considerar que a intensificação de impulsos agressivos que se dá como reação às experiências vividas no âmbito do trabalho pode, eventualmente, colaborar para desestabilizar o equilíbrio de uma pessoa que tenha importantes traços obsessivos, desencadeando um quadro sintomático importante, antes inexistente.

Outra situação é aquela em que o entendimento do médico do ambulatório, baseado nas queixas do paciente, seria de que o paciente se encontraria impossibilitado para trabalhar em função de algum distúrbio ou doença e, ao longo da psicoterapia, é possível uma compreensão diferente, em que o paciente não se percebesse incapacitado para o trabalho, mas, sim, muito angustiado com a possibilidade de vir a perder um benefício do INSS que lhe garante a subsistência sem que ele tenha que enfrentar um possível retorno ao trabalho com as incertezas e as dificuldades a ele relacionadas. Essa situação coloca em questão o conceito de incapacidade para o trabalho e sua aferição, a função desempenhada pelo médico ao atestar a presumida incapacidade e a atuação do psicólogo, tanto no que diz respeito à sua postura no atendimento como no que se refere à comunicação com a equipe de saúde. Para este último aspecto, que diz respeito às anotações em prontuário, pretendo chamar a atenção aqui.

Nesse tipo de situação, o ideal é que, na psicoterapia, possa se falar abertamente a respeito das angústias, das preocupações e das motivações de uma eventual busca de prolongamento do benefício. O psicoterapeuta deve ser especialmente cuidadoso no que se refere à sua consideração a respeito do que lhe parece legítimo ou não e à formulação de juízos morais em relação à opção do paciente de tentar conseguir ou prolongar um afastamento do trabalho. As motivações, os ganhos e as perdas relacionados aos afastamentos devem ser trabalhados no âmbito das sessões. Considerando a relação de confiança pressuposta na psicoterapia, as anotações que o psicoterapeuta faz no prontuário não devem fornecer dados que auxiliem ou que dificultem aos pacientes a obtenção dos benefícios previdenciários.

Uma situação clínica pode fornecer elementos para ampliar a reflexão. Imagine-se, por exemplo, um paciente diagnosticado como um caso de depressão grave com queixa de insônia e que venha conseguindo renovar seus pedidos de afastamento em função desse diagnóstico e da medicação que lhe é prescrita. Mesmo que, para o psicoterapeuta, esse diagnóstico seja questionável, não deve caber a ele colocar essa informação no prontuário e, sim, discutir, com seu paciente, o que o faz tentar prolongar ao máximo seu benefício previdenciário. Do contrário, não será possível estabelecer uma relação de confiança que viabilize a psicoterapia.

Além de realizar o atendimento direto ao paciente (psicoterapia), o psicólogo pode contribuir para o trabalho da equipe multiprofissional. No atendimento, esse profissional tem condições de formular uma compreensão do funcionamento psíquico dos pacientes que pode ser importante para que a equipe de saúde melhore a qualidade de seu atendimento. No entanto, é importante que o profissional esteja atento para a função que seus atos têm e suas repercussões. A prática da comunicação, na qual o registro em prontuário desempenha um papel fundamental, demanda atenção especial pela complexidade das questões nela envolvidas.

6.

A ETIOLOGIA DOS DISTÚRBIOS E A NOÇÃO DE FOCO NA PSICOTERAPIA BREVE EM SAÚDE DO TRABALHADOR

Um ambulatório de saúde do trabalhador é um serviço especializado no atendimento de pacientes cuja saúde sofreu algum agravo decorrente da atividade profissional desenvolvida. Portanto, sua clientela é composta por pessoas que buscam atendimento em decorrência de algum sofrimento supostamente causado ou desencadeado pelo trabalho.

Quando se realiza uma intervenção com grupos de trabalho no próprio ambiente profissional dos trabalhadores, algo como propõe a Psicodinâmica do Trabalho dejouriana, é possível se direcionar a intervenção especificamente para as questões do contexto de trabalho, pois existem dados que possibilitam distinguir, na escuta psicoterapêutica, o que pode ser atribuído às condições e à organização do trabalho, cujos efeitos são partilhados pelos participantes, do que se refere a aspectos subjetivos individuais não relacionados à vida profissional. No atendimento ambulatorial individual, essa distinção não é clara, pois o que aparece é a experiência de sofrimento do paciente como algo que o atinge de forma integral, que se faz presente na sua vida como um todo, podendo manifestar-se tanto em associação com o trabalho como à sua vida familiar ou a qualquer outro aspecto de sua existência. Além disso, na realidade psíquica, os aspectos concernentes ao trabalho interagem com outros aspectos relacionados à constituição do paciente, o que significa que situações do âmbito profissional podem reativar antigos conflitos ao mesmo tempo que são interpretadas e vividas a partir das características e da história emocional particular. Esse entendimento já era presente em Freud, que, ao propor o conceito de séries complementares (1916-1917), expõe a dinâmica da interação e a relação de complementaridade que se estabelece entre aspectos da experiência adulta – chamados de "atuais" – e aspectos da constituição psíquica na etiologia do adoecimento.

Existem condições de trabalho que podem de fato favorecer o adoecimento físico e/ou mental pela sua precariedade ou pelo potencial que apresentam para despertar sofrimento relacionado a vivências de humilhação, fragilidade ou de injustiça no trabalhador. No entanto, a possível relação causal entre o trabalho, ou as condições em que ele é desempenhado, e o desenvolvimento de uma enfermidade não é direta e demanda reflexão.

Para a ocorrência de uma crise concorrem distintos fatores, em múltiplas combinações. Há ocasiões em que alguma mudança externa ou interna, passível de ser identificada, pode ser considerada como responsável pelo desencadeamento do processo, conforme assinala Simon, ao referir-se a mudanças por perda ou por aquisição (2005). Para os pacientes de ambulatórios de saúde do trabalhador, aspectos relacionados ao trabalho constituem, supostamente, o fator desencadeante da crise que os leva à busca de atendimento. Situações de crise favorecem o desenvolvimento de distúrbios do funcionamento mental, no entanto, o quadro apresentado nem sempre reflete o estímulo que determinou seu desencadeamento, pois a forma de adoecer segue determinações diversas, que incluem aspectos da constituição e do desenvolvimento de cada um. Assim, o fator desencadeante não coincide necessariamente com o cerne da problemática que se apresenta, e, portanto, com a temática que emerge e que é abordada nas sessões de psicoterapia.

Diversos autores preconizam o conceito de foco na definição do trabalho que deve ser desenvolvido em psicoterapia breve[1] (Hegenberg, 2005; Malan, 1981; Sifneos, 1989) e a possibilidade de se definir um foco é um dos aspectos geralmente levados em conta para se considerar que essa modalidade de atendimento é a indicada.

Chegam pacientes com perfis diversos para atendimento em ambulatório público, voltado ou não à saúde do trabalhador. Os critérios para o empreendimento de uma psicoterapia não podem ser muito restritivos, pois, caso o fossem, muitas pessoas acabariam por ficar sem qualquer atendimento

---

[1] Para atendimento ambulatorial individual, o modelo de atendimento da psicoterapia breve é, geralmente, o que se utiliza.

psicoterapêutico. Alguns pacientes, em função de características pessoais e do momento que atravessam, apresentam uma demanda voltada a algum núcleo de conflito definido que se afigura como um foco, e o conteúdo das sessões, pautado pelas associações do paciente, tende naturalmente a ter ligação com o conflito/temática central, possibilitando o favorecimento do processo de elaboração psíquica apoiado em interpretações do terapeuta. Há, no entanto, atendimentos em que não é possível definir um foco a ser trabalhado e existem, também, pacientes com organização psíquica mais precária, para quem o trabalho de psicoterapia deveria ser mais intensivo (várias sessões por semana) e mais extenso pela qualidade e pela intensidade das angústias em questão. Nesses casos, a psicoterapia breve na forma como é realizada no ambulatório (com uma sessão por semana) pode cumprir apenas uma função suportiva, com objetivos mais modestos e com intervenções do terapeuta atentas à fragilidade da organização psíquica do paciente. Caso se verifique que não é possível que essa modalidade de intervenção resulte em benefício, o paciente é encaminhado para outra instituição que ofereça condições mais adequadas ao seu atendimento.

Retomando a questão do atendimento de pacientes em que é possível se distinguir um foco a ser trabalhado em psicoterapia e com o intuito de realizar um exercício de reflexão a respeito da relação entre esse foco e o que pode ser considerado como fator desencadeante de crise, seguem duas ilustrações clínicas. Na primeira, a relação entre o desenvolvimento da psicoterapia e a problemática profissional mantém uma relação clara e facilmente identificável. No segundo caso, essa relação não é direta, podendo apenas ser inferida como uma hipótese, o que dá elementos para a reflexão a respeito da especificidade do atendimento que presumivelmente caracterizaria um ambulatório especializado.

Imagine-se uma mulher cujo trabalho envolvesse o uso de computador com intensa carga de digitação e que tivesse sempre priorizado, na sua vida, a formação profissional. Consideremos que, para alcançar a sua formação, tenha tido que enfrentar diversos obstáculos e que, graças à dedicação, ao estudo e às suas qualidades, tivesse assumido um posto importante em seu trabalho, de chefia, no qual gozasse de reconhecimento. O trabalho desempenharia, então, um papel central em sua vida. Ela seria muito dedicada e teria satisfação com isso. Seu círculo social seria composto por colegas da firma.

A uma determinada altura, essa mulher desenvolve DORT (distúrbio osteomuscular relacionado ao trabalho) e precisa ser afastada do trabalho para tratamento. Ocorre que o distúrbio que a acomete é crônico, e isso significa que ela não poderá assumir uma rotina de trabalho na qual deva digitar ou escrever além de uma carga que é muito inferior ao seu rendimento anterior. Como acontece com frequência entre pacientes nessa situação, ao retornar ao trabalho, ocorre uma piora de seu quadro e, em pouco tempo, ela é novamente afastada. A partir de então, a incerteza e o desânimo tendem a se intensificar e sintomas depressivos importantes podem se fazer presentes.

Essa paciente enfrentaria o temor de não poder voltar ao antigo posto e a insegurança relativa à sua capacidade de manter-se em um emprego, uma vez que não poderá mais contar com a saúde. Poderia apresentar uma tendência a evitar o contato com colegas, por sentir-se fragilizada, envergonhada e pouco compreendida.

A premissa de se alocar o trabalhador que retorna de afastamento em função compatível com suas habilidades e restrições teoricamente é boa, mas para um resultado favorável seriam necessárias medidas adicionais que favorecessem essa reinserção[2]. O que por vezes ocorre, em situações como a dessa ilustração, é que a funcionária seja colocada em um posto no qual supostamente digitaria menos, no entanto, em função subalterna, de menor prestígio e, talvez, sem a necessária redução da carga de esforço de seus braços afetados pela DORT. Nessa situação, a tendência é que, aos sentimentos já descritos, venham somar-se a revolta pelo que pode ser interpretado como incompreensão e/ou por sentir-se vítima de algo causado pelo trabalho, a vergonha de ter sido "rebaixada", a insegurança quanto ao futuro profissional (uma vez que, por lei, mesmo ao desempenhar função menos valorizada deverá

---

[2] Louise St-Arnaud (2011), da Universitè Laval, em Québec, Canadá, tem como tema de pesquisa e de atuação a reinserção de trabalhadores afastados de suas atividades em função de distúrbios da saúde mental. No protocolo adotado por ela, o retorno do trabalhador é favorecido pela intervenção de um ergoterapeuta que, entre outras funções, atua como um mediador entre o trabalhador e seus superiores hierárquicos. Os resultados da proposta refletem-se no aumento do número de casos bem-sucedidos de reinserção profissional.

receber o mesmo salário de antes) e, eventualmente, as dores nos pulsos, que podem piorar.

No perfil descrito nesta ilustração, o trabalho e a função desempenhada no ambiente da empresa constituem os alicerces da estrutura emocional. Pode-se dizer que as referências para o reconhecimento de si sejam prioritariamente pautadas no exercício profissional e em aspectos ligados a ele. As repercussões, no campo do trabalho, do desenvolvimento do distúrbio orgânico representam um forte abalo para o equilíbrio emocional, desencadeando uma crise e a manifestação de importantes sintomas depressivos.

A paciente sofre importantes perdas a partir de sua DORT. O reconhecimento (externo, isto é, das outras pessoas) de sua aptidão, que lhe era extremamente caro, está ameaçado. De forma correlata, pode-se considerar que se trata de um abalo na sustentação de seu narcisismo, nas referências e no investimento de si. Trata-se, também, de uma experiência de luto pelas perdas sofridas.

A psicoterapia inevitavelmente enfocaria esse luto e as questões relacionadas ao abalo narcísico para possibilitar uma reorganização posterior. Em outras palavras, o atendimento deve favorecer a elaboração das perdas, a mobilização de recursos e o reconhecimento de potencialidades e de limitações. Contribuir para o desenvolvimento de condições pessoais que favoreçam o enfrentamento das dificuldades relacionadas ao possível retorno ao trabalho também deve ser uma das funções do atendimento. A intervenção no ambiente de trabalho, o que em muitas situações mostra-se importante, foge do âmbito da psicoterapia individual. No entanto, o atendimento que ocorre na época do retorno pode significar uma valiosa contribuição no processo de reinserção profissional.

No caso descrito acima, o fator desencadeante, relacionado às perdas vividas a partir de limitações no âmbito profissional, e o foco da psicoterapia podem ser considerados coincidentes.

Para a segunda ilustração, retomo uma descrição clínica hipotética apresentada em capítulo precedente. Trata-se da situação na qual um trabalhador, após sofrer uma série de assaltos no seu contexto de trabalho, passa a sofrer com intensa ansiedade mostrando-se desanimado e abatido. Iniciado o atendimento, na fala do paciente, a violência da experiência dos assaltos cede lugar para o relato a respeito de como ele sofre com o ciúme que tem da esposa e com fantasias de estar sendo traído por ela.

Embora em uma situação como essa não seja possível, para o terapeuta, saber se ocorre ou não uma traição da esposa, o fato que interessa é a ansiedade de natureza paranoide do paciente, que vive essa hipótese como uma ameaça muito grave, com pavor (e excitação) muito intenso. É possível se considerar que a experiência de sofrer assaltos, com a violência envolvida e os sentimentos de desamparo e de vulnerabilidade despertados tenha se constituído em fator desencadeante do distúrbio ao mobilizar níveis de angústia que excedem a capacidade de elaboração do sujeito, favorecendo o mecanismo de projeção e reativando a vivência de angústias primitivas, associadas a antigos conflitos e fantasias. Talvez a propensão pessoal a sentir-se enciumado, preterido e inseguro tivesse sido uma característica marcante desde a infância do paciente, no entanto, a intensidade e as dificuldades que se colocariam em sua vida adulta seriam descritas como novas, tendo aparecido pouco depois dos assaltos que o teriam abalado particularmente. Embora, pelo menos aparentemente, os sucessivos assaltos poderiam ter desempenhado importante papel no desencadeamento da crise, o conteúdo relatado conduziria a psicoterapia para uma direção em que o predomínio do mecanismo de projeção com sua consequente distorção da percepção deve ser enfocado, bem como as questões relativas à sexualidade e ao seu modo de se relacionar. Assim, a temática relacionada ao trabalho, e mesmo aos assaltos sofridos, naturalmente tende a ficar à margem nas sessões. Portanto, neste caso, a relação entre o fator desencadeante da crise e o foco da psicoterapia é distante, não é direta.

Malan (1981), psicanalista cujo trabalho é voltado à psicoterapia breve, distingue o *conflito atual*, considerado como fator desencadeante para a crise que conduz à busca da psicoterapia do *conflito nuclear*, expresso em acontecimentos desencadeantes anteriores, antigas experiências traumáticas, constelações familiares ou padrões repetitivos. Ao escrever a respeito do planejamento de uma psicoterapia breve, este autor considera que a delimitação de um foco e a motivação do paciente são aspectos da maior importância e expõe algumas características do que seria o paciente ideal para esse tipo de abordagem. No seu raciocínio, a existência de um *conflito atual*, de um *conflito nuclear* e, especialmente, a congruência entre esses dois conflitos (*atual* e *nuclear*) são características favoráveis para essa modalidade de psicoterapia por definirem um foco natural para o atendimento. Na primeira ilustração, observa-se essa congruência. Na segunda ilustração, aplicando as ideias deste autor, pode-se verificar a existência de um conflito atual e de um conflito nuclear que não são coincidentes. A existência de áreas conflitivas que podem ser relativamente definidas é favorável à psicoterapia breve, mesmo no caso em que essas áreas não são coincidentes.

O fato de o fator desencadeante não coincidir com o conflito nuclear no qual será pautado o atendimento mostra como se deve ter cautela ao estabelecer ou refutar relações de causa e efeito no que se refere à saúde mental e às experiências vividas. Aparentemente, isto é óbvio. Mas quando observamos que é frequente a busca do estabelecimento de relações diretas entre sintomas ou quadros nosológicos definidos e a ocorrência de determinados eventos e que a base dos estudos epidemiológicos, aplicados também em saúde mental, é a busca de relações entre determinados distúrbios e eventuais condições desencadeadoras, vemos que se trata de uma observação importante. Além disso, podemos notar que, para o psicoterapeuta, a ideia de especialização pautada em temáticas específicas, que privilegiem o suposto fator desencadeante para o desenvolvimento do distúrbio – como, por exemplo, abuso sexual, saúde do trabalhador, entre outras – pode não ter sentido algum.

Aspectos históricos e socioambientais têm certa influência na maneira como se moldam as subjetividades e, nesse sentido, a doença pode expressar características do contexto. Dado o importante papel desempenhado pelo trabalho, a natureza das pressões impostas pela atividade profissional pode influenciar na determinação das formas de padecimento e das expressões de sofrimento. No entanto, para a compreensão do funcionamento mental, deve-se lembrar de que a constituição e a dinâmica psicológica são singulares, e, portanto, qualquer análise deve ir além da verificação dos sintomas apresentados e do que se refere ao ambiente (ou à organização do trabalho). Há sintomas, como, por exemplo, irritabilidade e humor deprimido, que podem ser presentes em diversos quadros psicológicos e, por outro lado, um mesmo tipo de distúrbio pode manifestar-se por sintomas distintos em diferentes pacientes. Portanto, o estabelecimento de relações diretas entre condições de trabalho e adoecimento pode conduzir a interpretações equivocadas. Levar em conta esta consideração não deve ser confundido com menosprezar o efeito potencialmente nocivo de situações vividas no âmbito do trabalho.

7.

A PSICOTERAPIA E A QUEIXA DE VIOLÊNCIA OU DE ASSÉDIO MORAL NO TRABALHO

O ambiente de trabalho pode ser considerado como um universo complexo em que as relações interpessoais são permeadas de múltiplas significações e no qual o poder é um fator de importância especial, dado o papel que o trabalho desempenha na vida das pessoas. Por vezes, o contexto de trabalho pode permitir que alguns trabalhadores sejam submetidos a situações emocionalmente muito penosas, ou mesmo humilhantes, em função de fatores diversos, o que se configura como violência. A pressão por metas impraticáveis, a rivalidade entre colegas e mesmo componentes sádicos e/ou masoquistas que têm expressão nos ambientes profissionais podem ter efeitos importantes no funcionamento psíquico e na saúde das pessoas envolvidas.

As organizações de trabalho favorecem que os trabalhadores se avaliem de acordo com o reconhecimento obtido ou com a proximidade ou distância que consideram haver entre si e o que imaginam que se espera deles. Em outras palavras, os ideais de produção e de comportamento veiculados por patrões, chefes ou colegas podem desempenhar, no funcionamento mental do trabalhador, a função superegoica, pautando o ideal de ego e determinando, assim, o amor de si. A consideração desta questão, que traz à tona uma eventual maior suscetibilidade de alguns trabalhadores a se ressentirem das dificuldades percebidas e das críticas recebidas no ambiente profissional, não deve, no entanto, obstruir o reconhecimento de que há situações que podem ser injustas e hostis (e, portanto, potencialmente violentas) em ambientes profissionais.

Pode ocorrer, também, de um ou mais trabalhadores virem a ser expostos a situações de sofrimento e/ou humilhação de forma deliberada por outrem, por meio de procedimentos abusivos que objetivam a agressão e a intimidação. A prática de atos cuja finalidade é o desmerecimento, a humilhação e o prejuízo emocional do outro é qualificada como assédio moral. Comportamentos pautados por tratamento desrespeitoso, insultos, mentiras, sonegação de informações, exposição a situações humilhantes, desmerecimento, sonegação do reconhecimento, isolamento, chantagem, demanda exagerada de trabalho ou exclusão de atividades podem caracterizar assédio moral, caso ocorram de forma repetitiva contra uma mesma pessoa (Hirigoyen, 2000; Heloani, 2004; Soboll, 2008).

Não é raro que pacientes atendidos em ambulatórios de saúde do trabalhador relatem ter sofrido algum tipo de violência relacionada ao trabalho. Alguns deles chegam com a queixa específica de terem sido vítimas de assédio moral. O campo de ação do clínico que atua nesta área é a realidade psíquica do paciente. No entanto, esse tipo de queixa por vezes convoca o profissional a refletir a respeito do reconhecimento da violação de direitos engendrada em algumas situações relatadas por seu paciente. Isso porque, em determinadas situações, para a saúde psíquica do indivíduo, faz-se necessária a validação (o reconhecimento) da violência sofrida. Trata-se de conferir um estatuto de verdade (compartilhável, "concreta") à experiência. Deixar de considerar devidamente o peso dos fatos "externos" pode ser uma grave omissão por lançar o sujeito a uma situação enlouquecedora na qual ele pode duvidar de suas percepções. A distorção da realidade consiste, em si mesma, em violência. Não dar crédito ao relato da agressão vivida pode caminhar na mesma direção.

O manejo clínico em saúde do trabalhador chama à reflexão a articulação entre fatores do contexto social e aspectos subjetivos individuais; entre o que diz respeito à garantia de direitos e à saúde. Nesse sentido, a situação de violência ou de assédio moral é aqui abordada por ser emblemática da questão, podendo ser tomada como uma base para a reflexão.

Ao falar de assédio, Dejours (2008b)[1] aponta um aspecto muito importante a respeito das organizações atuais de trabalho, que é o crescente isolamento de cada pessoa nas suas funções. Segundo o autor, cada vez mais, o trabalho é realizado

---

[1] Comunicação oral em mesa redonda realizada no *Ciclo de Palestras em Ergonomia e Psicodinâmica do Trabalho*. Realizada pela Escola Politécnica da USP, em São Paulo, em 24 e 25 de março de 2008. Reprodução (filme) disponível em:< http://www.pro.poli. usp.br/eventos/ciclo-de-palestras-em-ergonomia-e-psicodinamica-do-trabalho>.

individualmente e as avaliações de produtividade tendem a ser automatizadas e individualizadas. Há muitos desdobramentos a partir dessa observação, mas os aspectos que nos interessam aqui, que o autor relaciona ao aumento da vulnerabilidade dos trabalhadores, são o fato de que as relações entre trabalhadores tendem a ser de competição e rivalidade, e que, no isolamento de seus postos de trabalho, as pessoas perdem a referência do que é razoável em termos de exigências, ficando muito mais suscetíveis às críticas que possam receber. O autor complementa a reflexão dizendo que, em um coletivo de trabalhadores em que predomine o coleguismo e no qual as pessoas trabalhem em conjunto, se um trabalhador é maltratado, os outros podem acolhê-lo e reconhecer que se trata de uma injustiça, enquanto que, nas situações em que predominem a rivalidade e/ou o isolamento, o trabalhador, sendo alvo de alguma injustiça, tenderá a sentir-se acuado, ameaçado, ou mesmo terá dificuldade de reconhecer que se trata de uma injustiça, podendo atribuir a si culpa pela situação. Na ausência de referências, o trabalhador pode não discriminar a violência a que por vezes pode ser submetido, ocorrendo, eventualmente, de considerar legítima a forma como é tratado e responsabilizar-se pelas dificuldades que experimenta. Além disso, no isolamento de seus postos, cada profissional tenderá a ocultar suas falhas e dificuldades, comportamento reforçado pela competitividade, intensificando o isolamento e prejudicando a possibilidade de mobilização dos trabalhadores.

Em *Ils ne mouraient pas tous, mais tous étaient frappés: journal de consultation "Soufrrance et Travail"*[2] (Pezé, 2008), a psicanalista francesa Marie Pezé relata e reflete a respeito da experiência de atender pacientes adoecidos pelo trabalho entre 1997, ano em que criou o ambulatório especializado em um hospital de Nanterre, e 2008. A experiência de atendimento fez com que ela considerasse o trabalho como algo fundamental na construção da identidade, e as sessões com seus pacientes chamaram sua atenção para as injustiças a que alguns trabalhadores são expostos. Em face da dimensão dos efeitos que observava em seus pacientes, Pezé questiona que reparação faria jus a um emprego perdido ou à perda de sentido do trabalho, ou, ainda, ao atentado à saúde psíquica. Para ela, o trabalho deve ser considerado como uma realidade em si, não devendo ser reduzido à história do indivíduo e a seus conflitos internos. Com esse raciocínio, desenvolve seu atendimento compondo uma rede com médicos do trabalho, inspetores do trabalho, advogados, juristas, psiquiatras e psicoterapeutas e, conforme explicita, sai do seu lugar de psicanalista, voltado para o mundo interno do paciente e seus fantasmas, e assume um trabalho ativo na defesa dos direitos de seus pacientes, buscando a melhor aplicação dos recursos jurídicos cabíveis.

Guilis (2005), psicanalista argentina, escreve a respeito da possibilidade de reparação simbólica das pessoas que sofreram violência cometida pelo Estado em seu país. Ela se refere às

---

[2] Tradução livre: Nem todos morrem, mas foram todos golpeados: jornal de consultas "Sofrimento e Trabalho".

pessoas que perderam parentes em perseguições políticas (Las Madres de Plaza de Mayo), mas suas colocações são úteis para se pensar na importância do reconhecimento de atos de violência e da responsabilização de seu agente. Partindo do pressuposto de que, de fato, algumas das queixas de pacientes que referem ter sofrido assédio no trabalho partem de situações de violência e injustiça importantes, vale a pena pensar na possibilidade e na função psíquica da reparação simbólica a que se refere Guillis para o trabalhador.

Seguindo o raciocínio desta autora, devemos considerar que é impossível retornar ao estado anterior à ocorrência do dano produzido e, portanto, qualquer reparação só pode ser simbólica. Reparar seria propiciar uma cicatrização que permita o acesso a um reordenamento da vida psíquica e social de cada um que tenha sofrido uma violação de direitos humanos. Num estabelecimento simultâneo da verdade e da justiça, nomear o culpado como culpado e a vítima como vítima tem, segundo Guillis, indispensável força simbólica reparatória. Trata-se de "fazer aparecer" na realidade aquilo que prova a violação cometida. A vítima é reconhecida pelo outro como um sujeito psíquico a quem se infligiu sofrimento e isso, em si, é reparatório.

À violência originalmente sofrida (política ou no contexto de trabalho) conjuga-se o desamparo e a revolta pela injustiça, pelo sentimento de não ter a quem recorrer. Nesse sentido, também, a decisão judicial pode ser reparadora. Os juízes, com suas sentenças, escrevem história e constroem memória, e este é o efeito reparatório mais importante da justiça. Essas considerações mostram os efeitos psíquicos que medidas restaurativas judiciais podem ter e a importância do reconhecimento, validado socialmente, das injustiças sofridas.

Thomas Pérrilleux (2010), sociólogo belga, aponta que a psicodinâmica do trabalho traz como questão difícil e fundamental a ligação entre a clínica do trabalho e a crítica social, que são duas práticas heterogêneas. Para o autor, todos os clínicos do trabalho se deparam com a questão a respeito do seu papel e se caberia a eles denunciar publicamente as "patologias" identificadas no seu local de trabalho. Em outros termos, questionam como fazer para que a clínica não seja um dispositivo de adaptação dos indivíduos aos seus locais de trabalho. Por outro lado, também se tem claro que a tomada de posição do clínico em espaço público tem sérios efeitos, remetendo os indivíduos de volta ao espaço de impotência.

Recorrendo a autores da sociologia crítica, Pérrileux aponta que a clínica e a crítica social se distanciam por terem diferentes planos de experiência. Enquanto à clínica interessa a experiência singular, individual, a crítica se dirige ao que pode ser generalizável e objetivável. A crítica social invoca princípios de justiça que vão além da experiência dos casos individuais. Há uma contradição entre o investimento afetivo na experiência singular individual e a exigência de objetividade que se tem para as denúncias das condições de trabalho.

O autor acrescenta que o modelo da crítica social denuncia a distância entre o ideal e o real e procura responsabilizar uma das partes envolvidas. Ele age no sentido de denunciar os mecanismos de opressão. O envolvimento do crítico social se dá por meio de uma *escuta armada*, na qual algoz e vítima são definidos *a priori* e o conhecimento teórico tem a função de ferramenta para a interpretação da realidade. Trata-se de um raciocínio disjuntivo no qual opressor (ou algoz) e oprimido (vítima) são claramente definidos. Em oposição, o modelo clínico tem como característica o raciocínio conjuntivo, buscando a integração (elaboração) da experiência e um entendimento aprofundado da mesma, no qual os fatores não são excludentes. Para a clínica, não há oposição entre normal e patológico, responsável e irresponsável, vítima e perseguidor. O trabalhador sofre as imposições do trabalho ao mesmo tempo que se envolve, subjetivamente, na situação, que passa a ocupar um lugar na sua dinâmica psíquica. De acordo com Pérrileux (2010), a escuta do clínico foi definida por Dejours como a *escuta arriscada*, na qual existe abertura para o imprevisto uma vez que o clínico abre mão de qualquer domínio da verdade de seu interlocutor.

Um estilo de clínica em que não se reconhecessem as injustiças e não se questionasse o contexto de trabalho traria o risco de que o dispositivo clínico funcionasse como uma maneira de readaptar indivíduos ao seu trabalho. Contrapõe-se a isso a potência que a clínica pode ter ao abrir-se aos desejos e anseios dos pacientes; no atendimento, é possível que se desperte o potencial crítico e que seja alterada a posição que o indivíduo ocupa em suas reivindicações. Isso é possível em uma "[...] clínica radical, desprovida de todo domínio do saber sobre a situação, mas que se revela atenta ao potencial subversivo dos desejos individuais." (Pérrileux, 2010, p. 160).

Visto dessa forma, o trabalho clínico tem importante potencial de transformação, mas seu campo de ação é a individualidade das pessoas atendidas, e não a ação direta no terreno social. A dimensão política do atendimento clínico se expressa pela mobilização da subjetividade dos pacientes.

Imaginemos o atendimento de um paciente no ambulatório que relatasse ter sofrido constrangimentos em seu ambiente de trabalho. Nessa situação, nas sessões, ele contaria que se sentia alvo de decisões injustas e/ou que notava que seu trabalho não era devidamente considerado, e percebia-se socialmente excluído no ambiente profissional. O desfecho da situação poderia ser uma demissão, fato que, para o paciente, teria a conotação de uma injustiça extrema, intensificando seu sofrimento.

Na psicoterapia, o contexto de trabalho, a hierarquia dos funcionários da empresa, as intrigas e as dificuldades vividas geralmente são contadas e recontadas, numa aparente busca de elaboração, de busca de um sentido da experiência vivida. O paciente demonstra assim ter a necessidade de se reassegurar de suas qualidades e de seu ponto de vista, buscando mostrar, no seu relato ao psicoterapeuta, como as condutas no seu antigo ambiente de trabalho podem ser injustas servindo a interesses não legítimos. Relatos minuciosos que o paciente faz a respeito de conflitos sofridos e de situações pelas quais teria passado denotam a busca de uma confirmação externa (pela percepção de outra pessoa) de uma realidade que ele apreende e que o faz sofrer. Trata-se de mostrar para si e para o outro que a situação era hostil e desestabilizadora, independentemente da suscetibilidade individual. Em outras palavras, busca-se o reconhecimento da violência engendrada na situação vivida. Essa confirmação almejada refere-se também à própria capacidade de interpretar os fatos, uma confirmação de que não se enlouqueceu.

Pode ocorrer que, no atendimento, em associação ao o mal--estar atribuído à experiência no trabalho, surjam relatos de situações do convívio familiar, tanto recente como antigo, nas quais o paciente sinta-se ou tenha se sentido também assediado. No que diz respeito à abordagem da realidade psíquica do paciente característica da psicoterapia com base psicanalítica, é indiferente se os aspectos da violência vivida nas relações sejam expressos por meio de situações do trabalho, da família, de amigos ou mesmo do contato com a psicoterapeuta (em psicanálise, aliás, a via especial de trabalho é exatamente a re-vivência de diferentes aspectos no contato com o psicanalista). O que importa é a possibilidade de favorecer *insights*, a elaboração e a ampliação da possibilidade do paciente perceber--se nessas situações. A questão do assédio, portanto, será, sim, trabalhada, o que não significa ater-se exclusivamente à experiência profissional. Aspectos inconscientes relacionados a fatores como a forma de envolver-se ou de se esquivar nos relacionamentos, a experiência de ser confrontado, submetido a situações injustas, sentimentos de ser depreciado, bem como as reações desencadeadas e a agressividade despertada fazem parte do trabalho da psicoterapia. O pressuposto é que a análise desses aspectos colabore para o desenvolvimento do paciente no que se refere aos seus recursos psíquicos, ampliando sua possibilidade de perceber, tanto si mesmo, como o ambiente no qual se insere, algo que repercute na sua forma de relacionar-se com outras pessoas e de analisar criticamente os contextos em que se insere.

O atendimento clínico deve seguir de forma que o reconhecimento da violência sofrida não redunde em uma identificação do indivíduo com um papel de vítima que o mantenha em uma posição de passividade e impotência. Favorecer o desenvolvimento psíquico, de acordo com o objetivo do atendimento exposto anteriormente, deve ser prioridade na psicoterapia, pois, dessa forma, além da elaboração da experiência vivida, visa-se ao desenvolvimento de recursos que são preciosos para que o paciente possa reposicionar-se frente à sua própria história e, também, em relação às condições de trabalho e ao seu futuro.

O foco do psicoterapeuta continua sendo a realidade interna de seu paciente e sua apreensão subjetiva da realidade, posto que o contexto de trabalho, como uma realidade externa à qual o sujeito foi submetido, não é acessível ao psicoterapeuta. Em ambulatórios de saúde do trabalhador há pacientes com perfis muito distintos que podem apresentar queixa de terem sido alvo de violência. Com situações diversas, pelo interesse em obter ressarcimento financeiro, ou auxílio diferenciado do

INSS, alguns pacientes movem processos e buscam mostrar-se lesados pelo trabalho. Nem sempre se trata, de fato, de situações nas quais a pessoa tenha sido vítima de uma injustiça. Há, também, pacientes cuja interpretação das situações pode ser marcada por aspectos paranoides de seu funcionamento mental. Para estes, a violência sofrida e relatada, que também demanda cuidado, pode ter ancoragem mais na própria constituição mental do que na hostilidade do ambiente. E há, também, muitos pacientes que experimentaram de forma contundente situações de injustiça social, apresentando ou não esse tipo de queixa.

A diferenciação entre essas situações se dá na experiência de atendimento. São dados a respeito da forma como o paciente se relaciona com seu terapeuta, isto é, dados transferenciais que poderão guiar o entendimento do clínico e o manejo da psicoterapia. Há, por exemplo, pacientes que se impõem de tal forma que o terapeuta pode sentir-se aprisionado na sessão. Este seria um indício de que aquele paciente tenderia a fazer-se prevalecer, de forma manipuladora, também no ambiente de trabalho, e que a eventual queixa de assédio oculta outras dificuldades de relacionamento no ambiente profissional, podendo inclusive, ter sido formulada no intuito de distorcer uma situação e triunfar nela. Livre da função pericial, a própria evolução do contato entre paciente e terapeuta indica o caminho da psicoterapia.

O reconhecimento de injustiças e a dimensão social da questão que se manifesta na queixa de adoecimento fazem parte da atenção individualizada do atendimento clínico. Os aspectos emocionais do paciente e sua realidade subjetiva são a base do trabalho de psicoterapia, no entanto, o psicoterapeuta deve ter em mente o contexto mais amplo em que se inserem o paciente e seu sofrimento, sob o risco de que seu trabalho seja passível de confundir-se com um trabalho de readaptação acrítica, que reduz ao plano do sofrimento ou do adoecimento individual (passível de tratamento) o que pertence ao âmbito social. Caso se desconsiderem as injustiças no trabalho, colabora-se para o deslocamento do problema trazido pelo paciente do plano social para o plano individual, contribuindo para que o afastamento prolongado do trabalho seja vivido como fracasso pessoal e adoecimento, passando a ser a única saída para aqueles que não reúnem forças para retornar às suas atividades.

É importante frisar que o atendimento clínico não substitui a luta dos trabalhadores por condições mais justas no plano coletivo ou o processo judicial, no plano individual. O trabalho de análise deve caminhar em paralelo às outras atitudes que possam ser tomadas e, na maioria dos casos, ele se mostra proveitoso para o paciente. Caso o psicoterapeuta assuma uma postura ativa na defesa de interesses de seu paciente em relação às questões trabalhistas, ele colocará em risco a possibilidade de ajudá-lo em outro âmbito, que se refere à saúde mental e ao desenvolvimento de recursos psíquicos próprios. Não se trata de negar ou de minimizar as injustiças muitas vezes engendradas nos contextos de trabalho e suas consequências. Trata-se, sim, de definir um método de trabalho e seu campo de ação.

8.

Considerações finais

A elaboração deste livro é uma resposta à inquietação que a atuação no ambulatório de saúde do trabalhador vem despertando em mim ao longo dos anos. O campo da saúde do trabalhador articula questões sociais, legais e de saúde e apresenta importantes desafios.

O contingente de trabalhadores afastados de suas funções no Brasil é enorme, e essa situação, ao mesmo tempo que impacta as perspectivas pessoais dos trabalhadores, onera a Previdência Social e as empresas.

O trabalho tem um papel fundamental na vida do adulto, sendo um dos fatores constituintes da identidade. Existem condições e formas de organização de trabalho que podem ser muito hostis e desestabilizadoras, induzindo ao sofrimento.

O afastamento e a necessidade de tratamento individual têm sido regra em situações nas quais as condições de trabalho deveriam ser revistas. O adoecimento individual tem representado, em muitos casos, a única e última saída para o trabalhador que não suporta seguir em suas atividades profissionais.

Como bem apontam Brant e Minayo-Gomez (2004; 2007), a transformação do sofrimento em adoecimento apoia-se em dispositivos sociais determinados pela cultura atual, que tende a identificar como doença e a medicar os males em geral.

Mesmo sindicatos ativos na defesa de suas classes profissionais muitas vezes têm suas atividades mais voltadas aos encaminhamentos individuais do que à luta pela transformação de condições de trabalho que podem ser opressivas, contribuindo para o adoecimento.

Na falta de uma estratégia efetiva voltada à reinserção profissional e à prevenção, a legislação atual privilegia a comprovação da incapacidade para a obtenção e a manutenção de benefícios previdenciários, favorecendo, assim, a cronificação dos sintomas e da situação de exclusão. Conhecer melhor os efeitos da atual conjuntura permite que se caminhe em busca de novas soluções. O paradigma atual deve ser reformulado por meio da elaboração de medidas que favoreçam a (re)inserção profissional e a melhora de condições de trabalho.

No atendimento ao trabalhador, as dificuldades ou mesmo as injustiças impostas aos pacientes pelo contexto social e de trabalho muitas vezes aparecem como codeterminantes dos quadros de saúde. O diagnóstico, a medicação e o afastamento temporário são frequentemente providências necessárias, mas insuficientes para abarcar a complexidade das situações na medida em que não houver alteração dos fatores envolvidos no processo de adoecimento.

Em ambulatórios de saúde do trabalhador, os relatórios médicos emitidos têm a função de contribuir na avaliação de capacidade laboral, fator determinante para a decisão a respeito da concessão de benefícios. Se, por um lado, a emissão desses relatórios se mostra necessária para que os pacientes/trabalhadores consigam os benefícios de que necessitam, por outro, o resultante acúmulo da função terapêutica com a função de avaliação de capacidade laboral no atendimento traz questões que não podem ser subestimadas. A natureza do vínculo entre profissional e paciente poderá ser influenciada pela preocupação deste, muitas vezes presente, de garantir a obtenção de benefício previdenciário.

A psicoterapia nesse contexto deve pautar-se em um método que leve em consideração as questões levantadas. Para que a psicoterapia possa ser realizada, não deve caber ao psicoterapeuta a averiguação da capacidade laboral ou mesmo da relação de nexo causal entre adoecimento e trabalho. Isto porque a demanda de atendimento poderia ser frequentemente ocupada pela preocupação do paciente em convencer o psicoterapeuta da gravidade do seu estado de saúde, paralisando qualquer possibilidade de desenvolvimento. E, no que se refere ao profissional que realiza o atendimento, seu posicionamento, sua escuta e a direção assumida pelo seu trabalho são diferentes em função do objetivo em pauta: a psicoterapia ou a perícia.

Frente à complexidade das questões que se colocam e às limitações que o atendimento encontra, a definição de um método de trabalho com a delimitação do respectivo campo de ação é imprescindível para que o trabalho clínico possa ser efetivo. A psicoterapia age no âmbito da individualidade e sua potência transformadora reside em favorecer ao sujeito/paciente que se reposicione frente à sua história e à realidade que enfrenta, em todos os seus aspectos. Em outras palavras, o propósito da psicoterapia em ambulatório de saúde do trabalhador é o de colaborar no desenvolvimento dos recursos pessoais que o trabalhador/paciente possa dispor para transformar a sua realidade.

Referências

ARANTES, M. A. A. C.; VIEIRA, M. J. F. *Estresse*. (Coleção Clínica Psicanalítica). São Paulo: Casa do Psicólogo, 2002.

AZEVEDO, A. Z. *Algumas contribuições da psicanálise ao campo do conhecimento da saúde mental no trabalho*. Tese (Doutorado em Saúde Coletiva da Faculdade de Ciências Médicas) Universidade Estadual de Campinas. Campinas, 2003.

BARRETO, M. M. S. *Violência, saúde e trabalho*: uma jornada de humilhações. São Paulo: Educ, 2003.

BENDASSOLLI, P. F.; SOBOLL, L. A. (Org.). *Clínicas do trabalho*: novas perspectivas para a compreensão do trabalho na atualidade. São Paulo: Atlas, 2011.

BOHOSLAVSKY, R. *Orientação vocacional*: a estratégia clínica. 5ª ed. São Paulo: Martins Fontes, 1982.

BRANT, L. C.; MINAYO-GOMEZ, C. A transformação do sofrimento em adoecimento: do nascimento da clínica à psicodinâmica do trabalho. *Ciênc. saúde coletiva* [online], 2004, Rio de Janeiro, v. 9, n. 1, p. 213-223. ISSN 1413-8123. Disponível em: <http://www.scielo.br>.

_____. O sofrimento e seus destinos na gestão do trabalho. *Ciênc. saúde coletiva*, v. 10, n. 4, Rio de Janeiro. out./dez. 2005. Disponível em: <http://www.scielosp.org/scielo>. Acesso em: 25 jun. 2008.

_____. Dispositivos de transformação do sofrimento em adoecimento numa empresa. *Psicologia em Estudo*, Maringá, v. 12, n. 3, p. 465-473, set./dez. 2007.

CLASSIFICAÇÃO ESTATÍSTICA INTERNACIONAL DE DOENÇAS E PROBLEMAS RELACIONADOS À SAÚDE. CID-10. Disponível em: <http://www.datasus.gov.br/ cid10/v2008/cid10.htm>. Acesso em: 26 jun. 2008.

CLOT, Y. Clínica do trabalho, clínica do real. Le journal dês psychologues, n. 185, mar. 2001. (Tradução livre: Kátia Santorum e Suyanna Linhales Barker. Revisão: Cláudia Osório). Disponível em: <http://www.pqv.unifesp.br/clotClindotrab-tradkslb.pdf>. Acesso em: 23 fev. 2011.

_____. A função psicológica do trabalho. Petrópolis: Vozes, 2006. Resenha de LIMA, MEA. *Cadernos de Psicologia Social do Trabalho*, vol. 9, n. 2, pp. 109-114, 2006. Disponível em: http://www.revistasusp.sibi.usp.br/pdf/cpst/v9n2/v9n2a10.pdf. Acesso em 25 fev 2011.

CODO, W. Um diagnóstico do trabalho: em busca do prazer. In: TAMAYO, A.; BORGES-ANDRADE, J. E.; CODO, W. (Org.). *Trabalho, organizações e cultura*. São Paulo: Estação das Artes, 1998.

CONSELHO FEDERAL DE PSICOLOGIA (CFP). *Código de ética profissional do psicólogo*. Artigo 12. Brasília, 2005. Disponível em: <http://www.pol.org.br>. Acesso em: 20 set. 2011.

CREMESP (Conselho Regional de Medicina de São Paulo). *Resolução 126/05* (maio de 2005). Art. 8º. Disponível em: <http:// www.cremesp.com.br>. Acesso em: 25 jun. 2008.

DEJOURS, C. A *loucura do trabalho*. São Paulo: Cortez, 1987.

_____. et al. A *psicodinâmica do trabalho*. São Paulo: Atlas, 1994.

_____. Biologia, psicanálise e somatização. In: VOLICH R. M.; FERRAZ, F. C.; ARANTES, M. A. A. C. (Org.). *Psicossoma II*: psicossomática psicanalítica. São Paulo: Casa do Psicólogo, 1998.

_____. A *banalização da injustiça social*. Trad. Luiz Alberto Monjardim. Rio de Janeiro: Fundação Getúlio Vargas, 1999.

_____. A avaliação do trabalho submetida à prova do real: críticas aos fundamentos da avaliação. In: Sznelwar, L.; Mascia, F. (Org.). *Trabalho, tecnologia e organização – Cadernos de TTO, 2*. São Paulo: Blucher, 2008a.

_____. Avaliação do Trabalho. Comunicação oral em mesa-redonda realizada no *Ciclo de Palestras em Ergonomia e Psicodinâmica do Trabalho*. Realizada pela Escola Politécnica da USP, em São Paulo, em 24 e 25 de março de 2008b. Reprodução (filme) disponível em: <http://www.pro.poli.usp.br/eventos/ciclo-de-palestras-em-ergonomia-e-psicodinamica-do-trabalho>.

_____. A metodologia em psicopatologia do trabalho. In: LANCMAN, S.; SZNEWAR L. I. (Org.). *Christophe Dejours*: da psicopatologia à psicodinâmica do trabalho. Rio de Janeiro: Fiocruz; Brasília: Paralelo 15, 2008c. (Cap. 2).

_____.; ABDOUCHELI, E. Itinerário teórico em psicopatologia do trabalho. In: DEJOURS, C; ABDOUCHELI, E; JAYET, C. *Psicodinâmica do trabalho*. São Paulo: Atlas, 1994.

_____.; BÈGUE, F. *Suicídio no trabalho*: o que fazer? Brasília: Paralelo 15, 2010.

DURAND, M. *Doença ocupacional*: psicanálise e relações de trabalho. São Paulo: Escuta, 2000.

_____. *O medo no trabalho e na vida social*: estudo psicanalítico da subjetividade brasileira. São Paulo: Anna Blume, 2010.

FOUCAULT, M. *Microfísica do poder*. 25ª ed. Rio de Janeiro: Graal, 2008.

FREUD, S. (1916-1917) Conferências introdutórias sobre psicanálise (Conferência XXII). In: FREUD, S. *Edição Standard Brasileira das Obras Psicológicas Completas*. Rio de Janeiro: Imago, 1976. v. 16.

_____. (1930) *O mal-estar na civilização*. In: FREUD, S. *Edição Standard Brasileira das Obras Psicológicas Completas*. Rio de Janeiro: Imago, 1976. v. 21.

_____. (1932) Novas conferências introdutórias sobre psicanálise (Conferência XXXI). In: FREUD, S. *Edição Standard Brasileira das Obras Psicológicas Completas*. Rio de Janeiro: Imago, 1976. v. 22.

GERNET, I.; DEJOURS, C. Avaliação do trabalho e reconhecimento. In: BENDASSOLLI, P. F.; SOBOLL, L. A. P (Org.). *Clínicas do trabalho*. São Paulo: Atlas, 2011.

GLINA, D. M. R. Assédio moral no trabalho. In: GLINA, D. M. R; ROCHA, L. E. (Org.). *Saúde mental no trabalho*: da teoria à prática. São Paulo: Roca, 2010.

_____.; ROCHA, L. E. (Org.). *Saúde mental no trabalho*: da teoria à prática. São Paulo: Roca, 2010.

GUILIS, G. El concepto de reparación simbólica en el contexto jurídico de lo Sistema Interamericano. Texto apresentado no *IV Encontro Latino Americano Dos Estados Gerais Da Psicanálise*, em São Paulo, 2005, escrito por Graciela Guilis e sua equipe de Saúde Mental. Disponível em: <http://www.estadosgerais.org/encontro/IV/ES/trabalhos/Graciela_Guilis.pdf>.

HEGENBERG, M. *Psicoterapia breve*. (Coleção Clínica Psicanalítica). São Paulo: Casa do Psicólogo, 2005.

HELOANI, J. R. M. Pensata – Assédio Moral – Um ensaio sobre a expropriação da dignidade do trabalho. *RAE eletrônica*, v. 3, n. 1, jan-jun/2004. Disponível em: <http://www.rae.com.br/eletronica>.

HIRIGOYEN, M-F. *Assédio moral*: a violência perversa do cotidiano. Rio de Janeiro: Bertrand Brasil, 2000.

JAQUES, E. (1955) Os sistemas sociais como defesa contra a ansiedade persecutória e depressiva. In: KLEIN, M; HEIMANN, P.; MONEY-KIRLE, R. E. *Temas de psicanálise aplicada*. Rio de Janeiro: Zahar, 1969.

LE GUILLANT, L. et al. (1956) A neurose das telefonistas. In: Lima, M. E. A. (Org.). *Escritos de Le Guillant*: da ergoterapia à psicopatologia do trabalho. Petrópolis: Vozes, 2006. p. 175-188.

LIPP, M. E. N. *Pesquisas sobre stress no Brasil*: saúde, ocupações e grupos de risco. Campinas: Papirus, 1996.

MALAN, D. *As fronteiras da psicoterapia breve*: um exemplo da convergência entre pesquisa e prática médica. Porto Alegre: Artes médicas, 1981.

MARAZINA, I. V. Psicanálise e clínica institucional... Navegar é preciso... *Pulsional Revista de Psicanálise*, ano XIV, n. 149, p. 21-31 (s/d). Disponível em: <http://www.editora escuta.com.br/pulsional/149_03.pdf>. Acesso em: 02 dez. 2011.

MARTINS, S. R. *(En)-cena no contexto do trabalho*: perversão social e adoecimento. Apresentação realizada no IV Encontro Estados Gerais da Psicanálise, em São Paulo, 2005. Disponível em: <http://www.estadosgerais.org/encontro/IV/PT/trabalhos/ Soraya_Rodrigues_Martins.pdf>. Acesso em: 10 mar. 2011.

_____. *Clínica do Trabalho*. (Coleção Clínica Psicanalítica). São Paulo: Casa do Psicólogo, 2009.

MASSAD, E.; MARIN, H. F.; AZEVEDO NETO, R. S. *O prontuário eletrônico do paciente na assistência, informação e conhecimento médico*. OPAS/OMS. DIM-FMUSP/NIEN-UNIFESP. 2003. Versão para download. Disponível em: <http://www.google.com.br>. Acesso em: 20 jun. 2008.

MATRAJT, M. Trabajo, subjetividad y salud mental. *Subjetividad y cultura*, n. 23, México, 2005. (Texto distribuído ao público presente na conferência do autor na Fundacentro, em São Paulo, em outubro de 2007).

MENDES, A. M.; ARAUJO, L. K. R. *Clínica psicodinâmica do trabalho*: práticas brasileiras. Brasília: Ex Libris, 2011.

_____. et al. (Org.). *Psicodinâmica e clínica do trabalho*: temas, interfaces e casos brasileiros. Curitiba: Juruá, 2010.

_____.; LIMA, S. C. da C.; FACAS, E. P. (Org.). *Diálogos em psicodinâmica do trabalho*. Brasília: Paralelo 15, 2007.

MENDES, R. Aspectos históricos da patologia do trabalho. In: MENDES, R. *Patologia do trabalho*. 2ª ed. atual. e ampl. São Paulo: Atheneu, 2003.

_____.; DIAS, E. C. Da medicina do trabalho à saúde do trabalhador. *Rev. Saúde públ.*, 25, p. 341-9, São Paulo, 1991.

MENEZES, L. S. *Um olhar psicanalítico sobre a precarização do trabalho*: desamparo, pulsão de domínio e servidão. Tese (Doutorado – Programa de Pós-Graduação em Psicologia. Área de Concentração: Psicologia Escolar e do Desenvolvimento Humano). Instituto de Psicologia da Universidade de São Paulo. São Paulo, 2010.

MENZIES, I. O funcionamento das organizações como sistemas sociais de defesa contra a ansiedade. Texto traduzido e adaptado de: *The functioning of organizations as social systems of defense against anxietie* – Tavistok Institute of Human Relations, 1970. Trad. Arakcy Martins Rodrigues. Material de uso exclusivo interno da Escola de Administração de Empresas de São Paulo da Fundação Getúlio Vargas, s/d.

MINISTÉRIO DA SAÚDE. Secretaria-Executiva – Núcleo Técnico da Política Nacional de Humanização (Pnh) – HumanizaSUS, 2004. *Prontuário Transdisciplinar e Projeto Terapêutico*. (Série b). Textos Básicos de Saúde. Brasília, DF. Disponível em: <http://www.google.com.br>. Acesso em: 15 mai. 2008.

PÉRILLEUX, T. Clínica do trabalho e crítica social. In: MENDES, A. M. et al. (Org.). *Psicodinâmica e clínica do trabalho*: temas, interfaces e casos brasileiros. Curitiba: Juruá, 2010.

PEZÉ, M. *Ils ne mouraient pas tous, mais tous étaient frappés*: journal de consultation "Soufrrance et Travail". Paris: Pearson Education France, 2008.

PINHEIRO, L. R. S.; MONTEIRO, J. K. Refletindo sobre desemprego e agravos à saúde mental. *Cadernos de Psicologia Social do Trabalho da Universidade do Vale do Rio dos Sinos* (Unisinos), vol. 10, n. 2, p. 35-45, 2007. Disponível em: <http://www.revistasusp.sibi.usp.br>.

RAMOS, M. Z.; TITTONI, J.; NARDI, H. C. A experiência de afastamento do trabalho por adoecimento vivenciada como processo de ruptura ou continuidade nos modos de viver. *Cadernos de Psicologia Social e do Trabalho*, v. 11, n. 2, São Paulo, nov. 2008.

RIBEIRO, M. A. Psicose e desemprego. Um paralelo entre vivências psicossociais de ruptura biográfica. *Cadernos de Psicologia Social e do Trabalho*, v.10, n. 1, São Paulo, jun. 2007.

ROCHA, L. E. *Estresse Ocupacional em profissionais de processamento de dados*: condições de trabalho e repercussões na vida e saúde dos analistas de sistemas. Tese de doutorado. Faculdade de Medicina da Universidade de São Paulo. 1996. p. 63. Disponível em: <http://www.teses.usp.br/teses/disponiveis/5/5137/tde/LysEstherRocha.pdf>. Acesso em: 24 fev. 2011.

SAINT-ARNAUD, L. Apresentação e discussão do *Protocolo de reabilitação e retorno ao trabalho nos casos que apresentam problemáticas ligadas a saúde mental* (Louise St-Arnaud é professora titular do trabalho de integração e meio ambiente psicossocial do trabalho – Departamento de Fundamentos e práticas de educação – Univ. Laval.). Evento promovido pelo Laboratório de Investigação e Intervenção em Saúde e Trabalho do Departamento de Fonaudiologia, Fisioterapia e Terapia Ocupacional da FM-USP e pela Universidade de Laval – Québec/Canadá. Realizado em São Paulo, em 25 de agosto de 2011.

SATO, L.; BERNARDO, M. H. Saúde mental e trabalho: os problemas que persistem. *Ciência & Saúde Coletiva*, v.10, n.4, p. 869-78, 2005.

SEGAL, H. (1955) Uma concepção psicanalítica da estética. In: KLEIN, M; HEIMANN, P.; MONEY-KIRLE, R. E. *Temas de psicanálise aplicada*. Rio de Janeiro: Zahar, 1969.

SELIGMANN-SILVA, E. *Desgaste mental no trabalho dominado*. Rio de Janeiro: Cortez/UFRJ, 1994. Parte 1 – O campo da saúde do trabalhador.

_____. Desemprego: a dimensão psicossocial. Conferência apresentada no XVII *Congresso Interamericano de Psicologia* promovido pela Sociedade Interamericana de Psicologia. Caracas, 1999. Anais do Congresso, v.1.

_____. Psicopatologia e saúde mental no trabalho. In: MENDES, R. *Patologia do trabalho*. 2ª ed. atualizada e ampliada. São Paulo: Atheneu, 2003.

_____. *Trabalho e desgaste mental*: o direito de ser dono de si mesmo. São Paulo: Cortez, 2011.

SELYE, H. *Stress*: a tensão da vida. São Paulo: Ibrasa, 1959.

SIFNEOS, P. E. *Psicoterapia dinâmica breve*: avaliação e técnica. Porto Alegre: Artes Médicas, 1989.

SIMON, R. *Psicoterapia Breve Operacionalizada*. Teoria e Técnica. São Paulo: Casa do Psicólogo, 2005.

SOBOLL, L. A. P. *Assédio moral/organizacional*: uma análise da organização do trabalho. São Paulo: Casa do Psicólogo, 2008.

SOUZA M. E. L.; FAIMAN, C. J. S. Trabalho, saúde e identidade: repercussões do retorno ao trabalho, após afastamento por doença ou acidente, na identidade profissional. *Saúde, Ética & Justiça*, v.12, n. 1/2, p. 22-32, 2007.

THALENBERG, J. M. Aspectos psicossomáticos da hipertensão arterial essencial. In: FERRAZ, F. C.; VOLICH, R. M. (Org.). *Psicossoma*: psicossomática psicanalítica. São Paulo: Casa do Psicólogo, 1997.

VASCONCELLOS, E. G. *Tópicos da psiconeuroimunologia*. São Paulo: IPE/IPSPP, 1998.

VIEIRA, C. M. S. A metapsicologia do trauma. In: VIEIRA NETO, O.; VIEIRA, C. M. S. (Org.). *Transtorno de Estresse Pós-Traumático*: uma neurose de guerra em tempos de paz. São Paulo: Vetor, 2005.

VIEIRA NETO, O.; VIEIRA, C. M. S. (Org.). *Transtorno de Estresse Pós-Traumático*: uma neurose de guerra em tempos de paz. São Paulo: Vetor, 2005.

Impresso por:

Graphium
Gráfica e editora

Tel: (11) 2769-9056